Посвящается памяти
замечательной семьи Джексона
и Барбары Бойетт и жизни святых
Баптистской церкви Оберндейла.
Спасибо вам, братья и сестры,
за непрекращающуюся поддержку
нашего служения и наших
стремлений заботиться о вас.

> Брайан и Кара Крофт в своей книге открыто рассказывают о трудностях, с которыми изо дня в день сталкиваются пасторы и их семьи. Для пасторов, которые проходят обучение, эта книга станет основой их будущего служения. Пасторы, уже несущие служение, найдут в ней слова поддержки и мудрости от семейной пары, проходящей такое же поприще, что и вы. Рядовым членам церкви она позволит по-новому взглянуть на жизнь пастора. Настоятельно рекомендую к прочтению.

> **Тимоти Пол Джонс,** доктор философии, заместитель вице-президента и преподаватель по духовному лидерству в Южной баптистской богословской семинарии

> Я знаю Брайана лично. Это опытный и отзывчивый пастор живой церкви в Луисвилле, и я рад, что они с Карой написали эту книгу, чтобы помочь другим пасторам справляться как с повседневными задачами служения, так и со сложными вопросами взаимоотношений в семейной жизни. Читайте ее вместе со своей второй половинкой и вместе выполняйте упражнения. Это поможет вам вывести ваши отношения и служение на новый уровень. Жаль, что, когда я нес пасторское служение, этой книги еще не было.

> **Боб Рассел,** бывший старший пресвитер церкви Southeast, Луисвилл, штат Кентукки

> **Реалистичная. Честная. Понятная. Духовная.** Практичная. Такие эпитеты пришли мне на ум во время чтения этой удивительной книги. Для многих пасторов она будет глотком свежего воздуха и поможет спасти немало пасторских

семей, преобразит семейную жизнь многих из них и возродит их служение.

Дэвид П. Мюррей, преподаватель Ветхого Завета и практического богословия в Пуританской реформатской богословской семинарии

" *На протяжении всей истории церкви было много пасторов, которые жертвовали своей семьей ради служения. О пасторах, которые то и дело выбирали служение в ущерб семье, может свидетельствовать множество жен и детей, лишенных заботы и внимания. О силе этого искушения может рассказать буквально каждый пастор, поэтому книга Брайана и Кары Крофт как нельзя более актуальна. Книга «Семья пастора» призывает пасторов заботиться, прежде всего, о своих женах и детях, опираясь на библейскую мудрость. Надеюсь, что пасторы прислушаются и последуют этому совету. Обязательно прочту эту книгу вместе со своей женой и от всей души рекомендую ее каждому пастору.*

Тим Чаллис, пастор церкви «Благодать» в Торонто, автор книги «Следующая история»

Брайан и Кара Крофт

СЕМЬЯ ПАСТОРА

Как быть пастырем своей
семьи и проводить
ее через испытания
пасторского служения

Перевод с английского

Благая весть
Самара, 2024

УДК 286.15
ББК 86.37
К83

Brian & Cara Croft

The Pastor's Family

Zondervan

Переводчик: Г. Хлебников

Редактор: А. Никитина

Научный редактор: А. Аубакиров

Верстка и дизайн обложки: М. Литвинова

Крофт Б. и К.

К83   Семья пастора. Как быть пастырем своей семьи и проводить ее через испытания пасторского служения: пер. с англ. / Брайан и Кара Крофт; Самара: Благая Весть, 2024. — 208 с.

The Master's Academy International   УДК 286.15
TMAI Edition ISBN: 978-1-967358-26-7   ББК 86.37

В конце каждой главы вы найдете вопросы для обсуждения со своими супругами. Эта книга отлично подходит для пасторов и их жен, а также для студентов семинарий, дьяконов и всех, кто желает оставаться верным как в заботе о своей семье, так и в исполнении своего служения.

Цитаты из Библии, если не указано иное, даны по Синодальному переводу. Цитаты по изданию «Новый Завет Господа нашего Иисуса Христа» (пер. с греч. под ред. епископа Кассиана. М.: Рос. библ. о-во, 2001) помечены «Кассиан». Цитаты по изданию «Библия: Новый перевод на русский язык» (4-е изд. Б. м.: Международ. библ. о-во, 2014) помечены «НРП». Цитаты по английскому изданию «The Holy Bible, English Standard Version» (Wheaton, IL: Crossway, 2001) помечены «ESV».

ОГЛАВЛЕНИЕ

ПРЕДИСЛОВИЕ

Каждая семья должна адаптировать свой образ жизни в зависимости от профессии родителей. Семья пекаря должна приспособиться к тому, что он ни свет ни заря вынужден выходить из дома и быть на работе, замешивать и готовить тесто для выпечки, делать коржи, глазурь, начинку и печенье для первых клиентов. Семья военного должна привыкнуть к тому, что один из родителей отсутствует дома в течение нескольких недель и даже месяцев. Семья сотрудника полиции должна приспособиться к эмоциональной нагрузке, которую испытывает их дорогой папа (а иногда и мама), день за днем непосредственно сталкиваясь с преступлениями, зная о них не понаслышке и лично разбираясь с их последствиями. Семьи как полицейских, так и военнослужащих должны научиться справляться с тем, что родитель ставит свою жизнь на карту, чтобы служить народу и всей стране, вставать на защиту государства. Они не знают, вернется ли он домой с дежурства. Семья врача должна приспосабливаться к непредсказуемому графику, экстренным вызовам, которые прерывают семейное время, и постоянному стрессу, который испытывает муж и отец в связи с болезнью или смертью. Руководитель предприятия и его семья должны тратить много времени и так планировать свой образ жизни, чтобы клиенты и коллеги оставались довольны. Ему приходится часто покидать дом, отправляясь в командировки, наносить визиты или устраивать званые обеды.

Существует множество других примеров — среди них и семья пастора. Однако пастор и его семья, как правило, сталкиваются с нагрузками, свойственными целому ряду профессий. Как и пекарь, он встает на рассвете, разминая свое сердце молитвой и Словом Божьим, чтобы подготовиться к служению церкви. Как военный и полицейский, он часто ставит на кон свое благополучие, чтобы послужить другим и уберечь их, и зачастую не может подробно рассказать о той боли и страданиях, свидетелем которых он регулярно становится. Как и у врача, его график непредсказуем, а на экстренные звонки приходится отвечать поздно вечером. Как и руководитель предприятия, он проводит встречи и выполняет церковные обязанности, долгие часы проводя в церкви, что, несомненно, вызывает усталость. Жизнь пастора, как и жизнь представителей многих других профессий, насыщенна, напряжена и утомительна.

Об этом хорошо сказано в книге двух опытных пасторов:

> *В отличие от деятельности политика, социального работника, предпринимателя, инженера, врача и юриста, пасторское призвание стоит особняком. Все упомянутые профессии имеют дело с какой-то одной, пусть даже и значительной, частью человеческих дел. И только пастырский труд делает несколько шагов назад и рассматривает это дело с Божьей точки зрения, пытаясь придать всему этому смысл, цель и направление. Причем пастор достигает результата без участия физической силы или покровительства*

гражданских властей. У пастора есть только сила примера, сила доверия, сила уважения и сила Божьей любви, излитой в Иисусе Христе [1].

Каждый, кто серьезно относится к пастырскому служению, чувствует духовную ответственность и подотчетность пастора перед Богом за души вверенных ему людей. Такой взгляд и тяжесть пастырского труда делают его уникальным. Пастор чувствует многочисленные ожидания со стороны членов церкви, собственной семьи, общества в целом, а также требования, которые он предъявляет к себе сам. Пастору нужна помощь, чтобы ясно мыслить о своей жизни, приоритетах и благополучии.

Именно здесь нам на помощь приходят Брайан и Кара Крофт. Пасторам и их семьям нужна такая книга — своего рода руководство к действию на поле боя. В ней говорится о различных требованиях и ожиданиях, с которыми сталкиваются служители, и даются практические, основанные на Евангелии подсказки в контексте семейной жизни. Эта книга проникает в сердце каждого члена семьи и дает полезные советы по пастырскому служению в соответствии со Словом Божьим, чтобы семья могла вместе радостно совершать служение.

Приготовьтесь, эта книга будет для вас гидом в путешествии по семейной жизни христианского служителя. Вы познакомитесь с переживаниями, с которыми сталкиваются семьи пасторов. Мы с удовольствием рекомендуем вам эту книгу. Кроме того, мы рады отметить, что Брайан и Кара

---

[1] Samuel D. Proctor and Gardner C. Taylor, *We Have This Ministry: The Heart of the Pastor's Vocation* (Valley Forge, Pa.: Judson, 1996), 49–50.

являются образцом для подражания во многом из того, о чем здесь написано. Для нас они стали не просто друзьями, но и примером в этой исключительно важной жизненной сфере — семейной жизни пастора.

Табити и Кристи Аньябвиле
Декабрь, 2012

ПРЕДИСЛОВИЕ К ИЗДАНИЮ НА РУССКОМ ЯЗЫКЕ

Пасторское служение — это больше, чем статус или положение в церкви. Требуется и Божие призвание. И сердечное поклонение Христу. И искренняя любовь к Божьему народу. И глубокое сострадание к неверующим. И, конечно же, фундаментальные библейские знания. Но, помимо всех этих важных элементов, требуется немало практической мудрости. Или, другими словами, понимание, как применять библейскую истину в контексте своего служения. Ведь можно иметь и посвящение, и знания, и даже личное благочестие, но не понимать, как это воплощать в своем пастырстве. Порой братья пребывают в неведении или совершают досадные ошибки, которые серьезно препятствуют духовному плодоношению и успеху их служения.

Именно в этой сфере — практического пасторства — Бог наделил особыми способностями и дарованиями нашего брата Брайана Крофта. Будучи пастором не один десяток лет, он начал помогать служителям по всему миру, делясь с ними практической пастырской мудростью. Читая его книги, вы удивитесь, насколько одинаковы задачи и вызовы пастырства по всему миру и насколько универсальны, просты и доступны советы автора.

Пусть эти книги помогут вам вырасти в своем призвании и подготовят вас помогать следующему поколению служителей!

От лица служения «Экклезия»,
Бахмутский Евгений Юрьевич,
пастор-учитель Русской Библейской церкви

ВСТУПЛЕНИЕ БРАЙАНА

Еще одна книга о семье?
Возможно, когда вы впервые увидели эту книгу, у вас была именно такая реакция. Впрочем, я вполне с вами согласен. Книжный рынок за последнее время наводнился огромным количеством изданий, в которых подчеркивается важность семьи. Причем за последние годы появились как выдающиеся книги, так и весьма посредственные. Зачем же ко всему этому вороху книг добавлять еще одну?

Я думаю, что уникальность этой книги в том, что она преследует цель, на которую мало обращают внимание другие авторы. Эта книга уникальна, потому что рассматривает жизнь особой семьи — семьи *пастора*. Она написана для Божьих мужей, которые откликнулись на Божий призыв и стали пасторами, учителями, служителями, руководителями церкви. Она написана с целью попытаться ответить на уникальный вопрос, с которым сталкиваются служители церкви: как быть преданным служителем церкви, не упуская из виду служение своей семье? Как уравновесить потребности служения и потребности семьи? Как быть служителем и одновременно отцом и мужем? Как расставить приоритеты между проповедью Слова, воспитанием учеников и любовью к жене и детям?

Сегодня пасторское служение бросает как никогда много вызовов и возлагает на пасторов такие бремена и ожидания, с какими служителям в предыдущих поколениях сталкиваться не приходилось. Многие перспективные пасторы начинают свое служение, полные энтузиазма ради дела Божьего. Но затем сложности, бремена и рутина настолько повергают их в уныние, что многие из них ломаются, крушится их вера, и разрушается семья. Эта книга написана с целью призвать служителей быть в первую очередь пастырями своих семей, не забывая при этом верно служить церкви. Мы верим, что и то и другое вполне возможно. Мы постарались выделить уникальные вызовы пасторского служения, выявить причины, вызывающие напряжение между семьей и церковью, и предложить библейские способы решения этих проблем. И прежде чем приступить к этому процессу, прежде чем вы прочтете предлагаемые ниже советы, я бы хотел показать вам их контекст.

Во-первых, сразу хочу оговориться: я отнюдь *не* эксперт во всех этих вопросах. Прежде всего, я муж. Кроме того, я отец и пастор. И в каждой из этих ролей постоянно терплю неудачи. Если вдруг вы взялись за эту книгу, рассчитывая получить решение всех вопросов и проблем в жизни и служении, то будете разочарованы. Я пишу эту книгу не как эксперт, но как муж, отец и пастор, желающий верно постигать Божью благодать во всех упомянутых сферах жизни. Я всего лишь предлагаю несколько советов, и вы можете воспользоваться ими в своей ситуации, будь то в семье или в служении. Возможно, Господь употребит мои немощи и усвоенные из них уроки, чтобы благословить других. Я надеюсь, что читатели этой книги поймут, что она написана грешником, спасенным

Божьей благодатью, воином, продолжающим воевать во имя радости и верности в семье и служении.

Во-вторых, мне, как автору, не хотелось бы, чтобы в результате прочтения этой книги у читателя возникло понимание, что семья пастора — это одно, а церковь — другое, и эти две позиции «воюют» между собой. Я понимаю, что многие пасторы действительно стоят перед дилеммой, выбирая семью или церковь. Но мне кажется, что это напряжение напрасно. Нашей семье пришлось пережить несколько непростых лет, когда я только пришел в церковь, в которой служу до сих пор. Церковь в то время была в упадке, ей приходилось сталкиваться с немалыми трудностями, и я не избежал многих ошибок новичков. Те несколько лет, несомненно, были временем серьезной борьбы, но также и временем многих важных уроков, о которых я рассказал в этой книге. Я поделился этим опытом не для того, чтобы у кого-то возникли или усилились негативные чувства по отношению к поместной церкви, а для того, чтобы появилось понимание, как важно пройти этот тяжелый путь и прийти к здоровому равновесию. Я верю, что пасторы должны любить свои церкви и тех людей, которым они служат, независимо от того, какой вызов бросает им служение. Наша семья очень любит церковь, в которой мы служим уже более десяти лет. И сегодня наша любовь стала еще крепче с учетом того, какую закалку нам дали те трудности, о которых мы написали в этой книге.

В-третьих, содержание этой книги не направлено на то, чтобы побудить кого-либо найти себе «служение полегче». Когда поместная церковь готовит к служению какого-либо кандидата, цель не просто выявить тех, кто призван. Церковь должна обучить и подготовить потенциальных служителей к тому, чтобы идти в трудные места, куда другие не пойдут. Мы хотим воспитать таких служителей, которые будут готовы идти в самые неблагополучные поместные церкви и не оставлять там служения. Мы стремимся подготовить миссионеров, которые будут готовы пожертвовать собой и понесут Евангелие в недостигнутые места, где почти наверняка подвергнутся гонениям. Хотя эта книга призывает служителей Евангелия правильно расставлять приоритеты и уделять время семье, но не стоит прикрываться семьей в попытке избежать трудностей и самопожертвования в служении. Служение *было и остается* тяжелым призванием. Эта книга должна помочь пасторам провести всех членов своей семьи через трудности и страдания, с которыми они неизбежно столкнутся в служении, а не пытаться избежать их.

Если вы призваны к служению и Господь наделил вас для этого Своими дарами, то вам ни в коем случае нельзя пытаться избегать призвания во имя спасения своей семьи от трудностей служения. Однажды я слышал об одном одаренном молодом человеке, который просто был создан для служения. Он очень любил свою семью, и ему предложили несколько возможностей послужить. Обдумав каждую из них, он отказался от всех, назвав при этом одну и ту же причину: «Я не могу взять туда свою семью». В итоге он никуда не поехал. Я бы хотел, чтобы эта книга побудила сердца пасторов, миссионеров и просто братьев во Христе ответственно пасти свои семьи. В то же время я постарался показать, как не превратить семью в своего рода идола, что в глазах Бога настолько же грешно, вредно и позорно, как и пренебрежение ею.

А теперь пару слов о моей спутнице жизни, которая выступила здесь в роли соавтора. Несомненно, лучше всего будет, если вы прочтете эту книгу вместе с супругой. На протяжении всей книги моя жена делится своим бесценным взглядом и мнением о радостях, трудностях и реалиях жизни матери и жены в пасторской семье. Я надеюсь, что вы научитесь у нее мудрости и вдумчивости, которые мне посчастливилось получать ежедневно! Я верю, что и пасторы, и их жены смогут постоянно находиться в общении, как делали мы, когда вместе писали эту книгу. Так что не удивляйтесь, когда во время чтения вы вдруг неожиданно оторветесь от книги, и вам придется выслушать несколько любезных комментариев и проницательных дополнений о семейной жизни и служении.

Я надеюсь, что вы получите удовольствие от дружеского и оживленного обмена мнениями и с пониманием разделите наш опыт успехов и неудач. Больше всего я надеюсь, что вы поймете, что настоящий успех, удовольствие, верность и долголетие в служении любого пастора начинаются и заканчиваются в одном и том же месте — в совместной семейной жизни.

Брайан Крофт
Луисвилл, штат Кентукки
Август, 2012

ВСТУПЛЕНИЕ КАРЫ

Недавно в нашу церковь пришла одна пара, которая переехала в наш город, где муж поступил в семинарию. Мы познакомились с его женой, и во время общения о переезде, семье и жизни в служении она задала мне вопрос: «Насколько служение оказалось легче или труднее, чем вы ожидали?» Это был прекрасный вопрос. Но как сложно было на него ответить! В итоге, немного подумав, я ответила: «Оно точно оказалось куда более полезным, чем я ожидала».

Дело в том, что жизнь в служении оказалась одновременно и труднее, и легче, чем мы ожидали. Жизнь служителя, несомненно, нелегка. Тяжесть проблем давит на пастора не так, как на представителей других профессий. Однако на долю пастора выпадают и уникальные радости. Однажды я услышала чье-то описание пасторского служения. Пасторы и их семьи словно сидят в первом ряду театра и видят все, что делает Бог. Я на практике убедилась, что это правда. Трудно переживать семейные проблемы других супружеских пар, видеть их сокрушение, боль и то, как их невзгоды отражаются на детях. И все же мы можем радоваться вместе с ними, видя, как Бог восстанавливает их отношения в браке, любовь и доверие друг к другу. Мы плачем вместе с женщиной, у которой случился выкидыш, а затем с радостью празднуем, когда через несколько лет она уже держит на руках своего первенца. Тяжело проходить вместе с разными людьми через их тяготы и утраты, но это дает нам бесконечные возможности пережить радость отвеченных молитв.

Выбрала ли бы я сама себе такой путь? Честно говоря, нет. Ни для себя, ни для своей семьи сама по себе я бы никогда такое не выбрала. Скажу больше! Когда мой муж впервые сказал мне о своем желании стать пастором, я долго сопротивлялась! Я ни за что не хотела быть женой служителя. Однако я благодарна Богу за то, что Он лучше меня знает, что мне нужнее. Я бы многое упустила, если бы Бог позволил мне делать то, что я захочу, и пустить свою жизнь на самотек. Я очень благодарна за жизнь пасторской семьи, которая выпала на нашу долю. Я очень благодарна за мужа и церковь. Мои дети любят нашу церковь. Ни одно другое собрание христиан не дорого моему сердцу так, как общение прихожан нашей церкви. И нет другого места, где бы мы хотели быть, нет другой группы людей, которым бы мы хотели служить. Однако такое глубокое чувство любви к этому служению и к нашей церкви пришло в результате долгого процесса, труда, который Бог совершал в моей жизни.

Я согласилась стать соавтором этой книги по нескольким причинам. Во-первых, об этом меня попросил мой муж, а мне трудно ему отказать. Во-вторых, как женщина, жена и мать я сама пережила и узнала много нового, что позволяет мне взглянуть на ситуацию под другим углом, немного не так, как смотрит он — мужчина, муж и отец. Мы разные, но наш опыт и понимание дополняют друг друга, ведь мы пишем исходя из общих убеждений о Евангелии и о том, чему учит Писание. Мы вместе прошли этот путь служения, поэтому написать эту книгу тоже вместе нам показалось весьма уместным.

Вы сможете прочитать целую главу (главу 3) о трудностях и радостях жизни жены пастора, но и в других главах вы найдете некоторые мои «вставки», разбросанные на страницах этой книги. Они предназначены для того, чтобы вежливо, с уважением и любовью дополнить то, о чем говорит Брайан, и предложить собственную точку зрения. Точно так же мы обмениваемся своими мнениями и в реальной жизни. Здесь же, поскольку мы обращаемся к вам в письменном виде, а не напрямую, вам будет нет так просто уловить мой тон, но позвольте заверить вас, что я очень уважаю своего мужа и восхищаюсь им. Я считаю его не просто лидером нашей семьи, но и своим пастором!

Возможно, вам бы хотелось узнать, кто я. Я жена Брайана, и мы женаты уже более шестнадцати лет. Я мама четырех замечательных детей, которая сама обучает их на дому. У нас один сын и три дочери, и за сына вы можете начинать молиться прямо сейчас! Я дочь и невестка очень преданных, богобоязненных родителей-христиан. Я водитель машины, который ежедневно часами развозит детей на различные спортивные мероприятия. Я фотограф-любитель, когда у меня есть время. Я друг, который иногда бывает вспыльчивым и имеет свое мнение, но при этом всегда старается высказать свои мысли в уважительной форме. Я слушатель, готовый выслушать и подставить плечо, на котором можно поплакать. И да, помимо всего прочего я жена пастора. Впрочем, я не соответствую стереотипу жены, которая печет хлеб, поет в хоре и играет на пианино. И все же я жена своего мужа, Брайана, пастора нашей церкви.

Как бы странно это ни звучало, у меня тоже есть множество недостатков. Не верите — спросите у моих детей! Я уверена, что они с радостью расскажут обо всех моих прегрешениях. Я сознаю свое несовершенство и знаю, что неидеальна и грешна. Но также я знаю, что все мои грехи покрыты освящающей меня кровью Иисуса. Я ежедневно полагаюсь на Божью благодать в мудрости, силе и мужестве, чтобы противостоять всему, что может встретиться на нашем пути. Как бы мне ни хотелось все знать, у меня нет ответов на все вопросы. Иногда я даю хорошие и полезные советы, а иногда они ошибочны. Важно понимать, что любая ситуация в служении уникальна, равно как и любой брак и любая семья! Некоторые из принципов, которыми мы делимся, вполне применимы ко всем читателям, в то время как в некоторых ситуациях применение этих принципов будет отличаться в зависимости от человека. Я бы не хотела, чтобы вы пытались строить свой брак по нашему шаблону. В то же время мы надеемся, что вы сможете извлечь уроки из наших ошибок и неудач и применить в своей уникальной ситуации ту мудрость, которой научил нас Господь.

Мой муж сказал, что нести служение тяжело. Здесь всегда необходимо идти на жертву. Но я бы добавила к этим словам еще одну мысль: оно приносит вечную награду! Я молюсь, чтобы эта книга стала для вас ободрением и побудила к большей любви к своей семье и церкви. Я молюсь, чтобы эта любовь побуждала вас и вашего супруга к целенаправленным содержательным разговорам о вашем браке и семье. Я молюсь, чтобы она побуждала вас проявлять настойчивость на этом поприще, стремиться к финишу и побеждать. И самое главное, я молюсь о том, чтобы, движимые этой любовью, вы прославляли Бога и еще больше полагались на Его безграничную и удивительную благодать.

Кара Крофт
Луисвилл, штат Кентукки
Август, 2012

Что такое *верное* служение?

[Брайан]

В своей христианской жизни я всегда находил особое ободрение в чтении биографий видных христиан. В этих историях жизни героев веры, мужчин и женщин, которые пошли на немалые жертвы, чтобы исполнить призыв Иисуса отвергнуть себя, взять свой крест и следовать за Христом (Мк. 8:34), мы находим примеры благодати и божественной силы. Мы стремимся подражать тем, кто, несмотря на враждебность со стороны самой церкви, на протяжении веков продолжал служить ей ради заботы о душах; преодолевал тысячи миль, несмотря на опасности путешествия, чтобы проповедовать Евангелие тем, кто никогда его не слышал; неустанно трудился над переводом Слова Божьего на понятный простым людям язык, несмотря на постоянную угрозу жизни; и даже жертвовал самой своей жизнью ради Христа.

Несомненно, эти исполины веры высоко подняли планку величия в Царстве Божьем в наших глазах. Жизнь таких служителей, как Джонатан Эдвардс, Джон Буньян, Чарльз Сперджен и Ричард Бакстер; таких евангелистов, как Джордж Уитфилд и Джон Уэсли; таких миссионеров, как Уильям Кэри,

Джон Патон и Адонирам Джадсон; таких реформаторов, как Жан Кальвин и Мартин Лютер; таких богословов, как Августин, Джон Оуэн и Б.Б. Уорфилд, — еще более усиливает наше желание сделать что-то грандиозное во имя Христа, а также для того, чтобы наш Искупитель назвал нас верными до конца. Но что значит быть верным до конца? Как выглядит истинное величие в глазах нашего Спасителя и Царя?

Рассматривая чье-то служение, будь то в прошлом или настоящем, мы склонны оценивать евангелистов на основании того, сколько людей они обратили ко Христу в своем служении. Мы превозносим богословов, оказавших наибольшее влияние на ход истории и на церковь, основываясь на проницательности их трудов и количестве их публикаций. Мы прославляем миссионеров и восхищаемся рассказанными ими историями о страданиях, обращениях и основанных церквах. Мы возвеличиваем пасторов, которые проповедовали перед огромными толпами людей или писали книги, — тех, кто оставил неизгладимый след в истории. Другими словами, в итоге мы определяем величие по тем же критериям, что и мир, — на основании того, сколь грандиозным, блистательным и обширным было влияние жизни и служения человека.

Но Библия оценивает величие и верность совершенно иначе. Классический пример такой парадоксальной оценки можно увидеть в ответе Иисуса ученикам, когда они спорили о том, кто из них будет больше в Царстве Божьем (Мк. 9:33–37; 10:35–40). Иисус свел к нулю все их понимание величия, сказав: «...кто хочет быть большим между вами, да будет вам слугой...» (Мк. 10:43). Задумайтесь: чем обычно занят слуга? В его работе нет ничего гламурного. Вряд ли мы найдем в работе слуги изменяющее мир влияние и масштабы, которые мы называем «широким охватом». Чаше всего слуги выполняют ту работу, которую никто не хочет делать. И часто они выполняют ее тогда, когда никто не видит.

Прочитав этот, а также некоторые другие тексты, мы задаемся вопросом: может быть, Бог оценивает успех или неудачу служения не так, как мы? Что, если Бог оценивает верность евангелиста не по количеству обращений, свидетелем которых сам евангелист был во время своего служения? Что, если важно личное ежедневное хождение перед Богом? Что, если Бог определяет величие миссионера не на основании глобального эффекта его служения, а на основании его неустанного стремления к благочестию и борьбы с грехом и врагом? Что, если Бог оценивает верность и величие пастора не по видимым успехам служения его поместной церкви, а по тому, насколько хорошо он заботится о своей собственной семье — жене и детях — и насколько верно пасет их?

На первый взгляд может показаться, что для многих пасторов и церковных руководителей забота о семье относится к разряду вспомогательной черновой работы, которая остается практически незамеченной, если оценивать величие героев прошлого. Если вы сомневаетесь, что это так, попробуйте сравнить свои познания о семейной жизни этих знаменитых людей со знаниями об их учении или влиянии их служения. Когда я перед написанием этой книги начал вникать в суть этой темы, я поговорил с некоторыми известными церковными историками, и на вопрос о выдающихся деятелях церковной истории все они ответили одинаково: «Об их семьях мало что известно». Поэтому я полагаю, можно смело предположить: когда мы выявляем степень «величия и верности» героев веры в служении, мы обычно не смотрим на то, были ли эти мужи столь же верны в отношении своих жен и пастырского воспитания своих детей.

Классический пример можно найти в контрасте между служением евангелиста и пастора XVIII века Джона Уэсли и его семейной жизнью. Джона Уэсли почитают как великого евангелиста, благодаря служению которого многие люди по всей Великобритании и Америке обратились ко Христу. Благодаря его усилиям возникло и до сих пор активно действует методистское движение. Однако Уэсли не стеснялся своих взглядов относительно брака. В своем дневнике 19 марта 1751 года он записал такие слова: «Не могу понять, как методистский проповедник может отвечать перед Самим Богом за то, что, будучи женат, он произнес на одну проповедь или проехал на один день меньше, чем будучи холост. В этом отношении, конечно, "время уже коротко, так что имеющие жен должны быть, как не имеющие"»[2].

Уэсли написал этот комментарий, прожив в браке всего месяц, но, к сожалению, его «презрение» к браку не ослабело и с течением времени. Много лет спустя Уэсли писал молодому проповеднику, который собирался жениться, и велел ему отговорить будущую невесту от попыток помешать ему ездить проповедовать[3]. Такой взгляд Джона Уэсли на брак не мог не привести к соответствующим результатам. Его отношения с собственной женой были отнюдь не безоблачными на протяжении большей части их жизни. Его супруга неоднократно предпринимала попытки саботажа его репутации и служения. Судя по тому немногому, что

---

[2] Doreen Moore, *Good Chris tians Good Husbands? Leaving a Legacy in Marriage and Ministry* (Ross-shire, Scotland: Chris tian Focus, 2004), 32.
[3] Ibid, 33.

мы знаем о Молли, жене Уэсли, она сама была человеком отнюдь не самым духовно здравым, ее личность не отличалась особой доброжелательностью и милосердием. Тем не менее, по-видимому, то, как обращался с ней Джон на протяжении всего их брака, то, что он совершенно пренебрегал библейским повелением заботиться о своей жене, оказало разрушительное воздействие и на него самого, и на его репутацию и наследие. Тем не менее и сегодня большинство методистов не обращают внимания на то, каким ужасным был брак Уэсли[4].

Впрочем, мы не должны думать, что подобные взгляды Уэсли были лишь результатом его богословия. Следует отметить, что один из его современников также имел далеко не идеальные отношения в браке. Между Джоном Уэсли и Джорджем Уитфилдом были серьезные разногласия по поводу доктрин кальвинизма, но взгляды на брачные отношения и их влияние на жизнь и служение у них совпадали. Джордж Уитфилд вообще долгие годы не хотел жениться, потому что считал, что брак помешал бы его весьма ответственному служению проповедника по всему миру. Когда он все же женился на Элизабет Джеймс, то четко указал, что не допустит, чтобы этот брак «хоть в малейшей степени мешал служению»[5]. Конечно же, любой женатый мужчина знает, что подобные ожидания отнюдь не реалистичны, и с таким отношением не удастся построить прочное основание любви и уважения. Как следствие, подобное ошибочное

---

[4] Это утверждение исходит исключительно из личных наблюдений. Я провел все детство и юность, воспитываясь в методистских церквях, поэтому знаю, на каких основаниях там избирают пасторов.

[5] Arnold Dallimore, *George Whitefield: The Life and Times of the Great Evangelist of the 18th Century Revival*, vol. 2 (Carlisle, Pa.: Banner of Truth, 2004), 110.

предположение привело его к разочарованию и еще больше укрепило его во мнении, что брак — лишь досадная помеха служению. Биограф Уитфилда Арнольд Даллимор писал:

>> *Очевидно, в конце концов Уитфилд понял, что желание не позволять браку ни в малейшей степени влиять на его служение оказалось невыполнимым. Как он ни старался, он не смог избежать ситуаций, при которых брак требовал пересмотра его планов и препятствовал выполнению намеченного графика проповедей. Те несколько раз, когда ему приходилось говорить: «Я женился и потому не могу прийти», он переживал серьезное разочарование. И хотя он видел в браке скорее помощь в служении, иногда он считал его помехой[6].*

Взгляды Уитфилда на брак не внесли такого хаоса в его жизнь, в отличие от жизни Уэсли. Однако и в том и в другом случае оставалась несчастная, разочарованная жена, которая в значительной степени не чувствовала заботы со стороны своего мужа[7].

Многие миссионеры также боролись с трудностями служения и брака, часто пытаясь дать богословское обоснование своему решению отдать предпочтение благовестию и служению за счет заботы о семье. Человек, получивший почетное звание «отца современного миссионерского движения», Уильям Кэри, ради продолжения своей миссионерской работы в Индии едва не оставил дома беременную жену Дороти и детей. Жена Кэри в конце концов согласилась поехать с ним, но отсутствие заботы о ней и суровые условия миссионерской

---

[6] Ibid, 112.
[7] Ibid, 113.

жизни довели ее до депрессии, проблем с психикой и в итоге до сумасшествия. Биограф Дорин Мур делится с нами такими подробностями:

> Все началось с морского путешествия продолжительностью пять месяцев. Всю дорогу ее укачивало. Когда они наконец прибыли в Калькутту, их скудные средства вскоре истощились, и семья была вынуждена жить в обветшалом доме за городом. Усугубляло ситуацию и осознание того, что другие миссионеры жили в Калькутте в относительном достатке. Его жена жаловалась, что им приходится «жить без многих… жизненно необходимых вещей, в частности без хлеба». Кроме того, Дороти постоянно страдала дизентерией, а старший сын едва не умер от этой болезни. Позже Кэри перевез жену, младенца и трех сыновей младше десяти лет в нетронутый малярией регион, кишащий аллигаторами, тиграми и огромными ядовитыми змеями. Вскоре они переехали в Муднабатти, где Дороти снова заболела. Но что гораздо хуже, умер их пятилетний сын Питер. После этой тяжелой утраты психическое здоровье Дороти Кэри ухудшилось. Она так и не смогла оправиться от утраты, и после этого все окружающие отзывалась о ней как о «совершенно ненормальной». Но сам Уильям Кэри считал, что «дело Христа» превыше семьи[8].

Мы приводим эти примеры из прошлого не для того, чтобы подвергнуть критике конкретные решения и выбор, сделанный этими мужами веры. Мы просто хотим указать на то, что подобное искушение отдать предпочтение служению за счет семьи отнюдь не ново. Это люди, которые по праву

---

[8] Moore, *Good Christians Good Husbands?* 10.

названы великими и верными тружениками ради Христа, но которые по самым благородным причинам принесли свой брак и семейные отношения в жертву на алтарь служения. Их очевидные неудачи в браке и воспитании детей ни в коем случае не должны заставлять нас сбрасывать со счетов все то, что через них совершил Господь. Бог употребляет грешных несовершенных мужчин и женщин для осуществления Своих суверенных целей во славу Божью. Так Он поступал на протяжении всей истории человечества и продолжает это делать до сих пор. Тем не менее эти примеры указывают на то, что искушение превознести заботы служения над семейными обязательствами — это постоянная проблема, которую легко игнорировать в нашей современной церковной культуре. Мы склонны сквозь пальцы смотреть на явные неудачи этих мужчин в семейных отношениях лишь потому, что они совершили «великие дела» для Бога. Такую же ошибку мы можем легко совершить и в собственных церквях и семьях.

Я вовсе не хочу вспоминать ошибки прошлого. Я лишь хочу сказать, что нет ничего нового в том, что пастор или служитель церкви сталкивается с искушением пренебречь семьей ради более плодотворного служения. Любой пастор, миссионер или евангелист, готовый с энтузиазмом творить великие дела для Бога, скорее всего, почувствует это напряжение. Таков признак культурного разрыва между нашим публичным успехом в служении и личной семейной жизнью. И, к сожалению, нельзя сказать, что корень этого разрыва лежит в современной церковной культуре. Он глубже. Нам необходим более пристальный взгляд на отношения между служением пастора и его семьей. Мы должны докопаться до корня причин, по которым церковные лидеры подвергаются искушению принести своих жен и детей в жертву на алтарь служения. Прежде чем найти решение, необходимо поставить правильный диагноз. Об этом мы поговорим в главе 1. После того, как мы выявим истинный корень проблемы, в главе 2 мы постараемся найти библейское решение, опирающееся на силу Евангелия и на четкие повеления Писания для верующих во Христа мужей и отцов, особенно пасторов.

В оставшейся части книги мы рассмотрим конкретные и уникальные проблемы, с которыми непременно сталкивается каждый пастор, а также его жена и дети. Мы разработаем несколько четких, практических стратегий для мужчины, чтобы он мог с заботой проводить свою семью через эти трудности (главы 3–6). Мы надеемся, что эти советы помогут вам избежать огорчений, которые неизбежно возникают всякий раз, когда в трудные периоды служения пастор пренебрегает семьей (глава 7). И чтобы вы не подумали, что я свысока смотрю на героев прошлого, я приведу несколько примеров других мужей веры, которые оказали не менее грандиозное влияние на мир ради Христа, но при этом с вдохновляющей верностью любили своих жен и были пастырями своих детей.

Прежде чем перейти к практическим стратегиям верного служения, мы должны разобраться с проблемой: почему так много пасторов с трудом находят баланс между призывом верно пасти церковь и призывом ответственно и с любовью заботиться о своих женах и детях? Почему это так нелегко? Мы рассмотрим эти вопросы в следующей главе, когда будем внимательно изучать сердце пастора. Что скрывается в сердцах тех, кто призван пасти Божий народ?

ЧАСТЬ 1

СЕРДЦЕ ПАСТОРА

«Дело не в тебе, а во мне»

ГЛАВА 1
ПРОБЛЕМА

[Брайан]

В начале своего пасторского служения я обнаружил, что те проблемы, которые кричат о себе громче всех, обычно привлекают наибольшее внимание. Другими словами, как гласит одна пословица, «скрипучее колесо чаще смазывают». Изначально это высказывание говорило о том, как обслуживать трактор или автомобиль, но, несомненно, оно подходит и к пасторскому служению в поместной церкви. Повседневная реальность пасторского служения предполагает участие и заботу пастора о самых неотложных и насущных нуждах своей общины. В расписании большинства пасторов большую часть времени занимает решение самых очевидных проблем. Внимание служителя всегда сосредоточено на том, что кажется наиболее проблематичным.

Я даже не буду пытаться здесь что-либо отрицать. Положа руку на сердце — пастор действительно должен отдавать приоритет самым насущным нуждам своей церкви. Признаюсь, именно на этом основании я зачастую и решаю, как поступить в тот или иной день. Если выбор стоит между проведением еженедельной встречи по ученичеству и посещением старицы, умирающей в больнице от рака, я выберу больницу. И даже если выбор не столь очевиден, пастор каждый день вынужден выбирать среди сценариев, подобных вышеописанному. Он знает, что нужно встретиться с молодым человеком, чтобы наставить его и внести долгосрочный вклад в его жизнь, но в то же время понимает, что в пасторском участии нуждается и умирающая женщина. Запросы к служителю всегда выше его возможностей. Как правило, в итоге мы видим стандартную ситуацию, при которой пасторы «смазывают скрипучие колеса» служения, в то время как другие, не менее важные сферы ответственности остаются без внимания.

Часто семья пастора оказывается наименее «скрипучим» колесом. Почему? Жены большинства пасторов входят в положение своих супругов, прекрасно понимая всю тяжесть служения. Как никто другой из членов церкви, жена пастора знает о том, как много труда вынужден вкладывать ее муж, заботясь о Божьей пастве. Желая поддержать и ободрить своего мужа, она проявляет милосердие, чтобы не усугублять бремя, которое и так давит на него. На фоне всех требований, давления и ожиданий семья пастора легко может оказаться вытесненной. Пастор может даже этого не осознавать, особенно на начальном этапе.

Множество запросов вполне обоснованно требуют времени пастора. Однако истинная причина того, что служитель не уделяет достаточно времени семье, коренится глубже. Дело не только в том, что за время и внимание пастора борются разные конкурирующие вопросы. Проблема заключается в самой нашей природе, и это даже при идеальном планировании и продуманном делегировании обязанностей по служению само собой не исчезнет. Ситуацию не сможет исправить ни правильная организация, ни умение управлять своим временем.

Прежде чем обратиться к корню проблемы, мы посмотрим, какие дела тяготят совесть пастора. Что это за «скрипучие колеса», конкурирующие между собой за внимание служителя? Почему их «скрип» такой громкий? Почему пастор впадает в искушение откликнуться именно на него?

Одобрение

Каждый человек хочет нравиться другим. Пасторы не исключение, особенно когда дело касается людей, вверенных их заботам, молитвам и служению. Ведь за них в итоге пастор должен дать отчет (Евр. 13:17). Но что происходит, когда служитель обнаруживает, что люди, у которых он ищет одобрения (то есть овцы его паствы), не спешат высказать ему это одобрение? Тогда пастор может поддаться врожденному желанию нравиться и быть принятым. Помню, как это происходило, когда я учился в средней школе. У меня была группа друзей, и я отчаянно хотел, чтобы они приняли меня как своего, поэтому старался заслужить их расположение. Я начал делать то, что, как мне казалось, вызовет у них одобрение, и исполнял их желания, но при этом постоянно чувствовал, что иду против собственных убеждений, и испытывал угрызения совести. Но мне больше хотелось нравиться друзьям, нежели поступать правильно.

К сожалению, мое достойное лишь жалости стремление к признанию среди однокашников мало чем отличалось от тяги служителя к признанию со стороны паствы — той группы людей, которым он призван служить. Для многих пасторов все средства к существованию, в частности финансовый доход и положение в обществе, полностью находятся в руках членов церкви. И даже если это не так, жизнь пастора часто поглощена его стремлением удовлетворить нужды людей, которым он служит. Часто служитель готов пойти на многие жертвы ради них. Я знаю, насколько сильно такие требования давят на меня и заставляют меня делать то, чего я делать не хочу, но кто-то в церкви очень хочет, чтобы я это сделал. Пастор, недооценивающий степень этого стремления угодить пастве, не сможет увидеть, как быстро он может оказаться в ловушке неуемного желания угодить, что может привести к бесполезности и нереализованности.

[Кара]

Когда я училась в школе, я была не такой, каким был Брайан, но и мне пришлось почувствовать давление, связанное с необходимостью соответствовать требованиям толпы. Впрочем, я противилась этим требованиям и не шла у них на поводу. Вместо того, чтобы пытаться подстроиться под остальных, я скорее замыкалась в себе. Я не хотела меняться и старалась отстраниться от тех, кто заставлял меня измениться. Мне по-прежнему хотелось одобрения друзей, но я желала, чтобы они принимали меня такой, какая я есть. Эта реакция не менее греховна, поскольку приводит к нездоровой сосредоточенности на самой себе. В таком случае мы замыкаемся внутри себя и, вместо того чтобы общаться с другими людьми, храним в себе обиду и разочарование. Такая реакция на давление вызвана столь же эгоистичным сердцем. Как говорится, мы обращаем внимание лишь на «себя

любимого». Бывает так, что мы настолько переживаем,
что подумают или скажут о нас другие люди, что страх
просто сковывает нас. Вместо того чтобы пойти на риск
и измениться, мы ничего не делаем. Но и здесь проблема ко-
ренится в желании получить одобрение от других, даже если
мы отказываемся меняться ради того, чтобы понравиться.

Внешний облик

Кто-то однажды сказал: «Восприятие и есть реальность».
Хотим мы этого или нет, но восприятие во многом определяет то, чем занят пастор. Это может иметь положительный
эффект, ведь осознание того, что за нами наблюдают и берут
с нас пример, может побудить пастора серьезно относиться
к практическому проявлению личной святости и стремиться избежать ситуаций, при которых его репутация оказалась
бы подмоченной. Серьезное отношение к тому, что со стороны за нашей жизнью постоянно кто-то наблюдает, может
побудить пастора с должным усердием исполнять призыв
хорошо управлять домом своим (1 Тим. 3:4). Но здесь существует и опасность слишком много внимания уделять внешним факторам, особенно если в таком случае служитель
пренебрегает честным исповеданием греха и подотчетно-
стью и перестает просить помощи у церкви. Поскольку семья пастора находится под таким пристальным вниманием,
у него может возникнуть искушение создавать вид внешнего
благополучия семьи в глазах наблюдающей за ним паствы,
вместо того чтобы по-настоящему заботиться о своей семье.
Конечно, нет никаких сомнений, что управление домом
своим для пастора имеет важное значение. Ведь это одно
из важнейших требований к служителю, подтверждающее

его призвание (1 Тим. 3:2, 4–5). В то же время *чрезмерная* забота о том, что скажут другие, искушает пастора искать слишком быстрые решения, а иногда и скрывать нездоровые тенденции, происходящие в семье, вместо того чтобы честно разобраться с допускаемыми грехами и проблемами, с которыми он сталкивается в семейной жизни.

Например, когда проблемы в браке начнут выходить на поверхность, пастор вместе с женой могут притвориться, что все в порядке, и сделать хорошую мину вместо того, чтобы честно признаться в своих проблемах. На одной из недавних конференций провели опрос, и оказалось, что из 1 000 пасторов 770 считают, что у них не очень хороший брак[9]. Зная о том, как трудно большинству пасторов рассказать о своих проблемах членам своей церкви, я думаю, можно с уверенностью предположить, что очень немногие из этих пасторов рассказали о своих семейных проблемах у себя в церкви. Чтобы казаться компетентным и духовно зрелым, пастор может поддаться искушению преуменьшить настоящие проблемы, вплоть до игнорирования греха в собственной жизни.

Однажды один пастор рассказал мне о том, что некоторые члены его церкви начали его в чем-то подозревать. Они пытались найти повод обвинить его в лени, чтобы потом уволить из церкви. Некоторые начали нарочно ездить мимо церкви в разное время, чтобы посмотреть, стоит ли его машина на церковной парковке, и если нет, то использовать этот факт как доказательство его недостаточного трудолюбия. Как бы глупо это ни выглядело, подобные обвинения и подозрения

---

[9] Dr. Richard J. Krejcir, "Statistics on Pastors: What Is Going On with the Pastors in America". Статья опубликована на www.intothyword.org/articles_view. asp?articleid=36562&columnid= (дата обращения: 15.01.2013).

произвели на пастора большое впечатление. Он признался, что до сих пор испытывает искушение угодить критикам, чтобы доказать им, что на самом деле он трудолюбив. Он старался изменить свой график, меньше посещать людей на дому, чтобы чаще быть в церкви и казаться более активным. Он чувствовал себя обязанным это делать, даже если это означало пойти на компромисс с его истинным призванием, каким он его видел. Многие пасторы действительно ощущают давление относительно того, как их воспринимают другие люди, и это может иметь большую власть над их жизнью и контролировать их, вплоть до того, что люди, о которых они должны заботиться, могут оказаться в пренебрежении.

[Кара]

Сестры, вы тоже себя чувствуете подобным образом? Позвольте задать вам пару вопросов. Как вы чувствуете себя в воскресенье утром, когда сидите в церкви на собрании, а ваши дети ерзают на стульях, словно их кто-то укусил, и так громко переговариваются, что слышно в конце коридора? Разве у вас не возникает желания спрятаться под скамьей или вообще исчезнуть из церкви? Переживаете ли вы о том, какую еду принести на вечеринку? А если вдруг что-то окажется пережаренным или недосоленным? Разве вы не беспокоитесь о том, как выглядит ваш дом, когда к вам приходят члены церкви? У нас в доме есть двери, которые моему мужу запрещено открывать, когда к нам приходят гости. Если в перечисленных примерах вы увидели себя, значит, вам тоже знакомо это чувство, когда нужно, чтобы «был соответствующий внешний вид». Мы хотим, чтобы люди думали, что у нас все в порядке: идеальный дом, идеальные дети, идеальная собака, идеальная еда. Мы беспокоимся, что скажут другие, если вдруг мы окажемся не такими совершенными. Подобное требование к внешнему облику идет рука об руку с желанием получить одобрение.

Успех

Пожалуй, в наше время требование к «успешности» пастора проявляется в большей степени, чем в прежние века. Мало того, что мы хотим доказать самим себе и другим, что мы успешны, так этому еще способствуют и общие тенденции, существующие в современном обществе и церкви, где работу пастора оценивают конкретными цифрами численного роста и собираемого бюджета. Однако эти критерии не только не соответствуют Библии, но и не имеют ничего общего с плодотворностью Царства. К сожалению, стремление к «успеху» в пасторском служении неизбежно приводит к пренебрежению другими приоритетами. И семья пастора в этой погоне за успехом чаще всего приносится в жертву.

Часто именно успех в той или иной профессии считают мерилом того, насколько состоялся мужчина. Мужчина, которому не удалось найти работу или которого уволили или сократили, считается неудачником и пребывает в удрученном состоянии. И пасторы, конечно же, не застрахованы от таких переживаний: они также склонны приравнивать свою мужскую идентичность к профессиональному успеху. Пол Дэвид Трипп, известный автор и пастырь пастырей, в своей книге о пасторском служении рассказал, как в первые годы своего служения он познал, что такое кризис идентичности:

> *Я отождествлял себя со своим служением. Я не считал себя Божьим ребенком, который каждый день нуждается в благодати, с трудом продвигается вперед по пути освящения, по-прежнему борется с грехом, испытывает необходимость в Теле Христовом и призван к пасторскому служению. Нет, я считал себя **пастором**. Вот и все, и добавить тут нечего. Пасторская служба означала для меня нечто большее, чем призвание и ряд отпущенных Богом даров, признанных Телом Христовым. Слово «пастор» определяло мою личность. Я **был** пастором, и это мое бытие оказалось куда опаснее, чем я мог бы предположить[10].*

Кризис идентичности, вызванный стремлением к успеху, сегодня является одной из главных причин удрученности многих пасторов. Многие из них трудятся не покладая рук и идут на большие жертвы, но чувствуют, что в конце концов им нечего показать. Отчаявшись, многие пасторы поддаются мышлению «делай что угодно, лишь бы работало» ради того, чтобы добиться успеха в своей церкви. Пасторы, чувствующие себя неудачниками, легко поддаются искушению прагматизма[11]. В дополнение к тому, что отчаянное стремление к успеху порождает прагматичный менталитет в служении, пастор может обнаружить, что его семейная жизнь «не приносит успеха», и начать пренебрегать семьей, отдавая приоритет мероприятиям, делам и нуждам церкви вместо того, чтобы заботиться о жене и детях.

---

[10] Трипп Пол Дэвид. Опасное призвание. Лицом к лицу с уникальными вызовами пасторского служения. Чернигов: In Lumine Media, 2014. С. 23.
[11] Прагматизм — это метод служения в церкви, при котором упор делается на то, что приносит видимые результаты, зачастую это делается в ущерб приверженности библейским подходам.

Значимость

Вот один из самых верных способов заставить пастора приуныть: дайте ему почувствовать, что он не нужен. Пасторам часто приходится бороться с желанием иметь значимость. Наиболее очевидно это проявляется в том, что пастор обычно готов исполнять всю работу. В итоге создается порочная модель служения, при которой потребность пастора быть нужным приводит к тому, что церковь зависит от него во всем. Только он посещает всех больных. Только он проповедует на всех служениях. Он должен присутствовать на всех собраниях. Он должен проводить все свадьбы и все похороны. Он никак не может поручить никакие из этих обязанностей другим людям. Он никак не может уйти в отпуск, даже если ему очень нужно побыть с семьей. Он никак не может позволить другим людям помочь ему, даже если он будет стоять на грани выгорания, пытаясь уравновесить потребности церкви и семьи. Его желание быть нужным приводит к тому, что, сам того не осознавая, он создает такую обстановку в церкви, где кажется незаменимым. Все это может быть замаскировано под личиной верности Господу или рвения усердно служить, но, как правило, это всегда приводит к одному результату: сам пастор выгорает, а семья остается в пренебрежении.

Потребность пастора в значимости может привести к тому, что ощущение значимости ему дадут скорее некоторые члены церкви, нежели собственная семья. В такой ситуации служитель легко может поддаться этому обману. Он может убедить себя в том, что ему просто необходимо встретиться с молодым человеком из церкви и помочь ему в решении его проблем, даже если это означает пропустить уже третий подряд семейный ужин. Конечно же, молодой человек, считающий, что благодаря вам и солнце светит на небе, следящий за каждым вашим словом, может подобрать значительно более убедительные слова, возвышающие вашу значимость, по сравнению с постоянными заботами уставшей и измученной жены и капризных малышей, ожидающих вашего возвращения домой.

Ожидания

В каждой поместной церкви ожидания бывают двух типов: надежды, возлагаемые на пастора церковью и возлагаемые пастором на самого себя. Эти два набора ожиданий присутствуют в каждой церкви, причем они редко совпадают. К одному знакомому пастору в первый год его служения однажды обратились два разных дьякона совершенно независимо друг от друга и в разное время. Один из них пришел покритиковать его в том, что тот недостаточно долго бывает в офисе и должен больше времени проводить в церковном здании, чтобы быть доступным для людей, заходящих в церковь. Другой мужчина пришел пожаловаться, что пастор недостаточно часто посещает пожилых прихожан и что ему нужно чаще выходить из кабинета и видеться с людьми в их домах. Тот пастор поступил мудро. Он встретился с обоими мужчинами и поговорил с ними о том, насколько их требования противоречат друг другу. Затем он призвал их выдвигать реалистичные ожидания, чтобы не пытаться оказаться в двух местах одновременно. Беседа оказалась весьма плодотворной и привела к тому, что в будущем ожидания стали значительно более реалистичными.

Многие верные служители церкви знают, что самые несбыточные надежды — это те, которые сам пастор возлагает на себя. Пастор хочет быть сверхчеловеком. Он думает, что члены церкви ожидают от него именно этого. Я сам знаю, что, когда ко мне обращаются с просьбами, которые я просто не в состоянии выполнить одновременно, больше всего меня расстраивает именно неспособность быть одновременно рядом со всеми, кто во мне нуждается. Пасторы обычно возлагают на себя несбыточные, бесполезные надежды, а гремучая смесь нереалистичных ожиданий церкви с неадекватным «сверхчеловеческим» мышлением самого пастора приводит к тому, что страдает его семья.

[Кара]

Мы, жены, тоже имеем дело с давящими на нас ожиданиями, но в нашем случае все это проявляется немного по-другому. Я думаю, что чаще всего эти ожидания проявляются двояко. Во-первых, жена пастора испытывает сильное давление, требующее чрезмерного участия в жизни церкви. Хотя церковь призвала к пасторскому служению вашего мужа, а не вас, это не значит, что на вас вообще не возлагают никаких надежд. Скорее всего, церковь ожидает, что жена пастора будет вовлечена в служение ничуть не меньше, чем сам пастор. В конце концов, ведь это она должна возглавлять команду гостеприимства, женское служение, детское служение и быть на каждом собрании каждую неделю! Или нет? На самом деле жена пастора должна прежде всего беречь свое время и свою семью. Вы не можете жертвовать своей семьей и пренебрегать мужем, потому что служение церкви вас измотало.

Во-вторых, на нас давят надежды, которые мы сами питаем в отношении собственных мужей. Реалистичны ли ваши ожидания? Или вы поддерживаете образ супергероя, который уже выработался в вашем муже, и ожидаете, что ваш супруг будет суперменом? Я хочу подчеркнуть: нужно честно и открыто говорить о потребностях семьи, но при этом мы должны помнить, что муж не может удовлетворить абсолютно все наши потребности. Оценивайте общение реалистично (не ждите, что он сам догадается или прочитает ваши мысли) и будьте готовы проявить к мужу снисхождение. Примите во внимание тот факт, что церковь будет время от времени нарушать распорядок вашей семейной жизни.

Дружба

Единственный человек в церкви, который может испытывать большее одиночество, нежели пастор, это жена пастора. Несмотря на то, что такое случается далеко не со всеми пасторами, такая ситуация в служении на сегодняшний день отнюдь не уникальна. Тем людям, которым не пришлось почувствовать вкуса пасторского хлеба, трудно понять и принять эту истину. Как же? Ведь все так любят пастора! Разве у него не больше всех друзей в церкви? А жена пастора? Ведь к ней все сестры приходят за советом! Не может такого быть, чтобы у нее было мало друзей! Однако исследование, проведенное миссией «В фокусе семья», показало, что у 70 процентов пасторов нет близких друзей и доверительных отношений[12]. Лично я на основании собственного опыта утверждал бы, что процент таких пасторов еще выше. Но почему?

---

[12] Цитируется по: Krejcir, "Statistics on Pastors".

Пасторское поприще может быть весьма одиноким. Такое же одиночество может подстерегать и жену пастора. Иногда сложившаяся церковная культура препятствует установлению полноценных отношений с другими людьми, потому что искренность и открытость относительно трудностей и честность относительно проблем в церкви могут оказаться просто небезопасными. Бывают большие церкви, в которых есть несколько пасторских семей. В таких случаях общение между этими семьями может создать предпосылки для таких отношений, но гораздо чаще наиболее значимые отношения у пасторов и их жен складываются за пределами поместной церкви.

Как следствие, пасторы и их жены должны прилагать дополнительные усилия, чтобы взращивать значимые, безопасные дружеские отношения как внутри церкви, так и за ее пределами. Развивать такие дружеские отношения нелегко, для этого требуется еще больше усилий, и поэтому многие пасторы вместе с супругами оказываются в одиночестве, и об их переживаниях и борьбе знает лишь немного друзей, которые действительно в курсе, с чем им приходится сталкиваться.

[Кара]

Брайан не пытается здесь сказать, что у нас не может быть настоящей дружбы с кем-либо внутри церкви. Некоторые из наших самых близких друзей как раз члены той самой общины, в которой мы служим. Речь о том, что и в таких случаях нам нужно проявлять осторожность и мудрость и понимать, кому, что и когда говорить.

Жена пастора может испытать еще одну уникальную эмоцию. Это ревность. Бывает так, что Брайан приходит домой из церкви уставшим. Мы садимся за стол вместе поужинать, и я уже в предвкушении совместного вечера с мужем, но тут раздается звонок. Опять этот ненавистный телефон! Я понимаю, что это член церкви, которого внезапно положили в больницу, или несчастная жена, чей брак переживает кризис. И вот я смотрю, как мой уставший муж вечером вынужден уехать, и остаюсь одна с детьми, даже не зная, когда он вернется домой.

Конечно, в такие моменты трудно не ревновать мужа, учитывая, сколько времени он уделяет другим. Ревность и зависть легко проникают в наше сердце. Мы расстраиваемся из-за того, что наши мужья так много времени посвящают служению. Нам кажется, что нам достаются только крохи с барского стола, а иногда и их нас лишают. Когда такое случается, жена пастора может испытывать обиду на церковь. Это вполне реальная, понятная борьба. Вот почему важно, чтобы мы прилагали дополнительные усилия для развития здоровых дружеских отношений, в которых мы бы могли честно делиться своими тревогами и переживаниями, свободно говорить о том, что нас ранит и разочаровывает, и не накапливать в сердце обиду, чтобы там не возник и не укрепился горький корень.

***

Ожидания и требования, предъявляемые к пастору и его жене, вполне реальны, и они затрудняют развитие близких отношений. Но иметь близких друзей все же возможно, даже если это требует дополнительных усилий. Пасторам необходимо проявлять мудрость и с осмотрительностью выбирать людей (и семейные пары) — как в общине, так и за ее пределами, — с которыми они могли бы быть искренними и честными.

Настоящая проблема пастора

Все рассмотренные нами требования сильно влияют на сердце и разум пастора и его жены. Искушение следовать этим требованиям может обмануть нас и заставить принять решения, которые отрицательно скажутся на семье. Но сами по себе эти требования, хоть и обладают силой и властью, не являются настоящим врагом. В большинстве случаев это вполне обоснованное стремление обрести некие блага — потребность в любви, дружбе и признании. На самом деле в самих по себе этих желаниях проблемы нет. Проблема не в требованиях, с которыми сталкивается пастор, а в том, как реагируют на них он и его жена.

В сердце каждого пастора есть врожденная склонность во что бы то ни стало исполнить свои желания и удовлетворить жизненные потребности, даже если для этого придется проявить нечестие, эгоизм и совершить грех. В этом заключается основная проблема, вынуждающая пастора пренебрегать отношениями с женой и детьми. А корень этой проблемы лежит в самом первом браке и первой семье — в Адаме и Еве. После того, как Бог создал небо, землю и все живое (Быт. 1–2), Он сотворил мужчину и женщину по Своему образу и подобию (Быт. 1:27). Эти муж и жена стали одной плотью. Они были наги и не стыдились друг друга (Быт. 2:24–25). Бог провозгласил, что все сотворенное Им «хорошо весьма» (Быт. 1:31), и все же Адам и Ева намеренно пошли на грех против своего Творца и Господа, ослушавшись Божьего повеления и вкусив от дерева познания добра и зла (Быт. 3:6). Бог предупреждал Адама и Еву, что им нельзя есть от этого дерева, иначе они умрут (Быт. 2:17). Но когда сатана искусил Еву, она пренебрегла Божьим предостережением и вкусила от запретного плода, отдав часть своему мужу (Быт. 3:6). Вместо того чтобы послушаться Божьего повеления, муж и его жена восстали против Бога. Они решили сами управлять своей жизнью и удовлетворять свои потребности, а не подчиняться Богу и доверять Ему.

Когда Адам и Ева согрешили против Бога, грех вошёл в мир, и с тех пор всё изменилось. Все мы, родившиеся детьми Адама и Евы, унаследовали их греховные сердца и живём в проклятии смерти и тления. Мы рождаемся в падшем, грешном мире с осквернёнными сердцами и врождённой склонностью восставать против Бога и искать себе греховные удовольствия. Иисус подтвердил эту истину о состоянии человека. В Марка 7:1–23 описан спор Иисуса с высокомерными фарисеями, которые думали, что оправдаются делами и тщательным исполнением человеческих преданий. Внешне будучи безупречными исполнителями добрых дел, они в то же время никак не могли заметить то, что, по словам Иисуса, действительно имело для Бога значение — внутренние, духовные, сердечные дела.

В этом контексте Иисус говорил не только о порочности наших сердец, но и о том, как эта порочность влияет на наши отношения с Богом. Иисус сказал, что то, что входит в человека извне, не может осквернить его, поскольку оно входит не в сердце, а в чрево (Мк. 7:18–19). К Своим словам Иисус добавил:

> *…исходящее из человека оскверняет человека. Ибо изнутри, из сердца человеческого, исходят злые помыслы, прелюбодеяния, любодеяния, убийства, кражи, лихоимство, злоба, коварство, непотребство, завистливое око, богохульство, гордость,*

безумство — всё это зло изнутри исходит и оскверняет человека.

Марка 7:20–23

Большую часть своей жизни ученики Иисуса соблюдали строгие законы и традиции, лишь укреплявшие их представления, что, объявленные нечистыми, продукты питания и другие предметы могут осквернить человека. Однако Иисус учил не так. Его учение ломало парадигму: критерием принятия в Царство Божье является не внешнее, а внутреннее состояние сердца человека[13].

Сердце пастора ничем не отличается от любого другого сердца. Если пастор пренебрегает своей семьей, нельзя в этом обвинять давление, требования и возложенные на него несбыточные надежды. Ведь первопричина этой борьбы и пренебрежения семьей одна: греховное сердце. Пастор не подчиняется прямым повелениям Писания заботиться о своей семье и оправдывает свое непослушание по одной-единственной причине. Это его греховные желания. Вместо того чтобы в послушании довериться Богу и поверить, что Он удовлетворит все его нужды, он пытается сам удовлетворить свои потребности в принятии, значимости, одобрении и дружбе. Такая модель поведения глубоко укоренилась в его сердце.

Но как это выглядит на практике? Позвольте мне привести несколько примеров того, какие конкретные грехи, тесно

---

[13] Это библейское учение о последствиях греха, отражаемых в сердце человека, на основании Марка 7 я впервые опубликовал в брошюре «Помогите. Мой муж погряз в порнографии» (Издательство Day One Publishing). Здесь следует отметить, что в контексте этой книги, несмотря на схожесть текста, акцент делается конкретно на сердце пастора.

связанные с упомянутыми ранее требованиями служения, может допустить пастор:

- Будучи порабощен требованиями одобрения и внешнего облика, пастор может проявить греховный страх перед людьми. Он постоянно будет бороться с искушением большего страха перед мнениями людей, нежели словами Бога.
- Будучи под контролем завышенных ожиданий или стремления к значимости, пастор может поддаться искушению гордыни и пожелать славы для себя вместо того, чтобы воздать всю славу Богу.
- Движимый требованием успеха, пастор может ощутить кризис идентичности, в результате которого пасторское служение может стать идолом в его сердце, в то время как истинная идентичность пастора — в одном Христе.
- Поглощенный запросами друзей, пастор может дать место недовольству, оказаться оторванным от других людей и не верить, что именно Бог восполняет все нужды.

Любой христианин, даже прощенный и обновленный силой Евангелия, должен ежедневно вести борьбу со своей греховной плотью в этом падшем мире. И пасторы — не исключение! Я верю, что враг намеренно целится в пасторов, постоянно подсовывая им искушение в виде всяких привязанностей к чему угодно помимо Бога, даже если эта привязанность к чему-то доброму, например к служению. И это совершенно реальная проблема. Греховное сердце может легко обмануть пастора, даже если он самоотверженно и жертвенно несет служение.

Однако у нас есть надежда. Мы не только способны сами определить грехи, так легко опутывающие нас и заставляющие бесчестить Бога и пренебрегать семьей, но и можем их преодолеть. Та же сила Евангелия, которая искупила грешное сердце каждого христианского пастора, позволяет нам отложить эти грехи и облечься во Христа. Евангелие позволяет нам повиноваться Божьим заповедям и отвечать на призыв Христа быть верными пастырями в своем доме и церкви. На следующих страницах мы рассмотрим несколько библейских стратегий, как воспользоваться этой восстанавливающей силой, чтобы противостоять своим разбитым, грешным сердцам, обрести равновесие, отвечать на возникающие перед нами вызовы и учиться быть верными пастырями своих семей.

Вопросы для обсуждения

Жена → мужу

1. Каким из перечисленных вызовов ты склонен поддаться прежде всего?

2. Как эти вызовы вынуждают тебя пренебрегать семьей?

3. Какие греховные желания, побуждающие тебя пренебречь семьей, ты видишь в своем сердце?

Муж → жене

1. Возникает ли у тебя иногда чувство ревности, когда я провожу время с церковью? Какие действия мы

можем предпринять, чтобы защитить наше личное время?

2. С какими из упомянутых в этой главе вызовов тебе труднее всего справиться? Как я могу тебе помочь в этой борьбе?

3. Чувствуешь ли ты или кто-то из детей, что я в той или иной степени, сам того не осознавая, пренебрегаю вами?

ГЛАВА 2

Решение

[Брайан]

Я с ужасом ждал этой встречи. Тогда я учился в одиннадцатом классе и встречался с одной девушкой. Общение между нами как-то не клеилось, и однажды она захотела встретиться, чтобы «выяснить отношения». Если вам приходилось когда-либо встречаться для подобного «выяснения отношений», вы, наверное, догадываетесь, что произошло дальше. На той встрече из ее уст прозвучали слова, которые я так боялся услышать. Она пожелала расстаться со мной и положить конец нашим отношениям. В надежде облегчить боль от разрыва она произнесла знаменитые слова: «Брайан, дело не в тебе, а во мне!» (**Кара:** *Просто для справки, этой девушкой была не я.*)

«Дело не в тебе, а во мне». Эти вроде бы простые слова наполнены глубоким смыслом. Их задача — смягчить удар по нашей гордости и самооценке, когда мы чувствуем, как нас отверг кто-то, кого мы любим. Это своего рода попытка переложить вину на отвергающего, но такая попытка, какой бы благородной она ни была, всегда обречена на провал. На самом деле происходит прямо противоположное. Эти семь слов сражают наповал и ломают дух даже самого стойкого человека. Интуитивно мы понимаем, что эти слова — ложь, попытка избежать конфликта и быстро прекратить несчастливые отношения.

Несмотря на то, что такая фраза чаще используется в негативном контексте, я бы сказал, что с такой фразы лучше всего начинать разговор пастору, который виновен в пренебрежении своей семьей. Признав, что «дело не в тебе, а во мне», служитель делает первый шаг, чтобы покончить с пренебрежением семьей. В предыдущей главе мы рассмотрели, как давление и различные вызовы могут привести пастора к ошибочным приоритетам в его жизни. И хотя у него всегда есть соблазн сосредоточиться на обсуждавшихся ранее вызовах и переложить вину за свои действия на них, проблема глубже. Она не в том, что мы сталкиваемся с требованиями и давлением, а в том, что, сосредоточиваясь на этих вызовах, мы сами себе создаем идолов и, как следствие, пренебрегаем семьей и бесчестим Бога. Когда мы пренебрегаем семьей, последствия неизбежны.

Тот факт, что пастор пренебрегает своей семьей, свидетельствует о том, что он игнорирует явные библейские повеления, данные каждому верующему мужу и отцу (Еф. 5:25–30; 6:4; 1 Пет. 3:7). Кроме того, пренебрежение к своей семье выявляет и пренебрежение к обязанностям руководителя «хорошо управлять домом своим» (1 Тим. 3:4). Эти библейские указания раскрывают приоритет семьи. Бог велит пастору в первую очередь пасти свою семью и заботиться о ней, а не о своей пастве. Несмотря на такие четкие указания для пасторов, у многих из них вызовы служения вызывают греховную реакцию, в результате чего они зачастую неправильно расставляют приоритеты. Если христианин пренебрегает своей семьей, это говорит лишь о том, что он не ценит свою семью. Поскольку пастор объективно подает пример своей пастве (1 Пет. 5:3), он не только подает плохой пример другим христианам в своей общине, но, что еще хуже, дух лицемерия проникает и в его дом. Его жена и дети воочию видят лицемерие. Из-за того, что пасторы иногда не обращают внимания на нужды своих семей, это становится основной причиной разочарования, которое иногда жены пасторов и их дети испытывают по отношению к церкви и даже к Самому Христу. Грехи пастора вызывают поношение не только на него самого, но и на его семью, и на церковь, в которой он служит.

[Кара]

Сестры, знаете ли вы, что порой наши мужья даже не подозревают, что пренебрегают нами? Многие мои знакомые хотят, чтобы их мужья умели читать мысли. Мы желаем, чтобы мужья понимали нас без слов и чтобы сразу чувствовали, когда что-то не так! Но в половине случаев мы даже сами не знаем, в чем проблема! Что же тогда, выставлять перед ними напоказ все их провалы, едва они переступят порог дома? Ни в коем случае! Но и не следует сдерживать свои опасения и копить внутри обиду и гнев. Нужно с любовью, мудростью и, прежде всего, с уважением рассказать о своих нуждах и нуждах нашей семьи, а затем терпеливо молиться как за свое собственное сердце, так и за сердце мужа.

***

Пренебрежение семьей имеет самые серьезные последствия, но пастор, поддавшийся давлению служения за счет своей семьи, вовсе не безнадежен. Он может воспользоваться силой для преодоления этих грехов и восстановления разрушенных отношений. И эта сила — сила Евангелия[14]. То самое Евангелие, которое пробуждает духовно мертвую душу пастора к жизни во Христе, также обладает силой принести победу над бременем грехов. Пасторам, проходящим это нелегкое поприще, нужно полагаться на два аспекта библейского Евангелия, если они надеются ощутить его силу: им нужно признать свой грех, осознав свое пренебрежение и неудачу, и положиться на благодать, дарованную Христом, на Божьи дары и обетования, а не пытаться собственными усилиями обеспечить себе то, чего они хотят и в чем нуждаются.

Исследуйте свое сердце

Первым шагом на пути восстановления того, что служитель разрушил вследствие своей небрежности, может стать применение того самого принципа «дело не в тебе, все дело во мне». Эти слова поистине обладают немалой силой. Пастор должен сделать то, что бы сделал любой последователь Иисуса, борющийся с грехом, — исповедать грех против Бога и против своей семьи. Он должен признать свою ошибку сначала перед Богом, а затем и перед женой и детьми.

---

[14] Евангелие — Благая весть Иисуса Христа, согласно которой Его совершенная жизнь, искупительная жертва на кресте и победоносное воскресение утолили Божий гнев на человеческий грех. Поэтому всякий, кто покается и уверует в Иисуса Христа по вере в Его личность и подвиг, получит прощение грехов, будет облечен в Христову праведность и станет усыновленным Божьим дитем.

Он должен отвергнуть любую попытку объяснить свое пренебрежение семьей разного рода требованиями служения и давлением со стороны крайне напряженного расписания. Такое допущение легко может стать попыткой оправдаться и побегом от истинного покаяния. Семьи некоторых пасторов могут посчитать, что причины проблем в их семье в них самих. Муж, пренебрегающий своей женой, вдруг может обнаружить, что она сама уверовала в то, что с ней что-то не так, что это из-за нее муж предпочитает проводить время с членами церкви, а не с ней. Пасторские дети могут прийти к выводу (довольно близкому к истине), что их отец любит церковь больше, чем их. Чтобы справиться с обидой, вызванной его пренебрежением к семье, пастор должен прежде всего обратить внимание на свое сердце, осознать его греховность, исповедовать это перед Богом и теми, против кого он согрешил, и — отказаться от греховного поведения и последовать за Богом в вере и послушании.

В этом процессе ключевую роль играет покаяние. Важно не только принять Божье прощение, но и пройти этап восстановления семьи, разрушив при этом греховные привычки. Несколько лет назад, как мне казалось, я честно признал некоторые свои греховные поступки и привычки, где явно пренебрегал женой и детьми. Я думал, что внес необходимые изменения в семейный распорядок дня, чтобы показать свою приверженность желанию порвать со старыми привычками и поведением. И я никогда не забуду, с каким отчаянием я услышал слова моей жены, что, оказывается, в действительности в нашей жизни почти ничего не изменилось. Она дала мне ясно понять, что дети также не заметили особых перемен. Тогда я понял, что, признав свой грех и исповедав его перед семьей с намерением изменить все к лучшему, я не принес видимого плода покаяния, поэтому не было видно и существенных изменений. Когда же я действительно покаялся, в моей жизни начались настоящие изменения, принесшие пребывающий плод.

Вы только не подумайте, что теперь я считаю, что безупречно забочусь о семье. И все же жена и дети не дадут мне соврать — в моей жизни явно видны плоды покаяния. Теперь я стараюсь по возможности не отвечать на телефонный звонок, когда мы ужинаем или проводим время с семьей. Я стараюсь вернуться домой ровно к указанному времени, а не через 45 минут или час. Последние несколько лет все дни, выделенные мне на отпуск, я употреблял для отдыха с семьей, а не на работу. Хотя в жизни каждого пастора всегда будет чем заняться, по милости Божьей и с помощью силы Евангелия можно избавиться от греховных привычек и моделей поведения. Но без истинного покаяния мало что изменится.

«Отложить» и «облечься»

Поскольку покаяние — неотъемлемая часть этого процесса, нужно понимать, что библейское покаяние — нечто большее, чем исповедание греха и решение больше так не поступать. Библейская модель заключается в двух действиях: «...отложить прежний образ...» и «...облечься в нового человека...» (Еф. 4:22–24). Мы должны не просто «отложить» свой грех, но и «облечься» во Христа. Вместо прежних греховных моделей поведения и привычек нужно найти новые, созидательные и овладеть ими.

Я обнаружил четыре полезных библейских принципа, в которые может «облечься» пастор, раскаявшись в своем грехе, и все они кроются в Божьем замысле о семье. Если вы будете применять эти принципы, то Бог может использовать их, чтобы сформировать в вас новые здоровые модели поведения и остановить склонность к пренебрежению семьей.

Помните библейские требования к пастору

Библия словами апостола Павла четко описывает качества характера служителя. Пастор (епископ, пресвитер, старейшина) должен быть верным мужем одной жены (1 Тим. 3:2; Тит. 1:6) и хорошо управлять своими детьми и домом (1 Тим. 3:4–5; Тит. 1:6). Перечень этих качеств, как в 1 Тимофею 3, так и в Титу 1, далеко не исчерпывающий, но в каждом из этих списков можно отметить несколько характеристик, которые просто необходимы для любого человека, который хочет стать пастором (1 Тим. 3:1). Эти качества каждый пастор обязан демонстрировать на протяжении всего своего служения. И если служитель не хочет оказаться в ловушке пренебрежения семьей, ему будет очень полезно помнить этот перечень, составленный Павлом. Этот список может стать своего рода противоядием от пренебрежения семьей. Божий стандартный набор качеств служителя поможет пастору не забыть, что требуется от него, чтобы оставаться верным своей семье в суровых условиях пастырского труда. Тот же, кто будет игнорировать этот библейский стандарт, неизбежно сползет к пренебрежению семьей, и в итоге покажет себя несостоятельным и недостойным пастырского служения.

Призывая пастырей пасти стадо Божье (1 Пет. 5:2), апостол Петр напомнил, что они подают «пример стаду» (1 Пет. 5:3). Под этим примером апостол подразумевал все сферы жизни, в том числе и ответственность мужа перед женой и детьми. Однажды я услышал наставление опытного пастора Альберта Мартина на одной из пасторских встреч. Он проповедовал на тему христианского брака и сказал такие слова: «Как должен поступить член вашей церкви, когда к нему подойдет неверующий мужчина и спросит, как следует мужчине-христианину относиться к своей жене? Это очень просто! Он должен указать на вас и сказать: "Вот, наблюдай за ним. Это мой пастор. Просто обращай внимание, как он нежно, заботливо и жертвенно относится к женщине, стоящей рядом с ним"».

Пасторам необходимо помнить, что Бог установил высокие стандарты для тех, кто призван пасти Его народ, в том числе и в сфере семейных отношений. Пастор призван быть образцовым мужем и отцом. Важно, чтобы вы, отложив грех и облекшись во Христа, помнили, что плоды Божьего труда в вашей жизни, те самые качества характера, по которым вас признали годным к пасторскому служению, должны быть очевидны не только вашей церкви, но и вашей жене и детям.

Здесь нельзя обойтись без упоминания о благодати. Никогда не забывайте, что дары, данные вам для пастырского служения, также являются плодами Евангелия. Они не существуют без могущественного действия Духа Божьего внутри вас и через вас. Не воспринимайте их как некий контрольный список, где нужно отметить все галочки, полагаясь на собственные силы и праведность. Вместо этого в молитве обратитесь к Богу с просьбой, чтобы эти качества стали внутри вас духовным плодом Божьего благодатного труда. И по мере того, как во всех своих нуждах вы будете проявлять зависимость от Христа, ваша вера проявит на деле Божьи дары.

Любите, понимайте свою жену и восхищайтесь ею

В духе призыва Петра быть примером для паствы, пастырям также важно иметь в виду Божий замысел относительно брака. В повелениях, которые Павел дал в Послании к Ефесянам, для нас раскрыт Божий план искупления в контексте брака между мужем-христианином и женой-христианкой. Жены должны повиноваться мужьям так же, как повинуются Господу (Еф. 5:22), а мужья должны любить своих жен так, как Христос возлюбил церковь и предал Себя за нее (Еф. 5:25). Эту задачу ни один христианин не сможет выполнить, если не поставит свою жену на первое место после Христа. Тем более это относится к пастору! Как может муж, пренебрегающий своей женой и семьей в целом, любить жену так, чтобы его паства видела в нем проявление безусловной, жертвенной любви Христа?

Петр также говорит о Божьем замысле относительно христианского брака, но его подход несколько отличается от подхода Павла. Петр обращается к мужу, который обоснованно заявляет, что его жену, равно как и церковь, любить не так легко. Апостол начинает с наставления женам-христианкам о том, как они должны повиноваться Христу в обращении с мужем, который не повинуется Евангельской вести (1 Пет. 3:1). Чтобы этого достичь, нужно вести благочестивый образ жизни перед своими непослушными мужьями в надежде, что благочестивое поведение жен привлечет их мужей к Богу (1 Пет. 3:2–4). Помня об этом непростом браке, далее Петр наставляет мужей-христиан: «Также и вы, мужья, обращайтесь благоразумно с женами, как с немощнейшим сосудом, оказывая им честь как сонаследницам благодатной жизни, дабы не было вам препятствия в молитвах» (1 Пет. 3:7).

Что значит обращаться с женой «благоразумно»? Это значит понимать Божью волю в том, как муж-христианин должен относиться к своей жене. Что, в свою очередь, предполагает, что вы будете понимать свою жену и сопереживать ей. Муж должен помнить о нуждах, проблемах и чувствах своей жены. Таким же образом пастор призван жить со своей женой, не только с целью быть примером для паствы, но и по причине того, что жена пастора сама сталкивается с проблемами, требованиями и давлением и надеется на внимание и заботу со стороны мужа. Чтобы жена пастора чувствовала к себе любовь и уважение, необходима дополнительная стойкость и верность. Жена пастора может чувствовать конкуренцию за внимание мужа, тогда как другим женам подобные переживания незнакомы. У нее могут быть особые трудности и проблемы, с которыми не сталкиваются жены других мужчин. И верующий муж, тем более пастор, должен суметь понять, что это за проблемы и как можно наиболее эффективно и с любовью послужить своей жене.

Мужу-христианину в принципе должно быть достаточно библейских повелений, но есть и библейские примеры, помогающие прояснить, чего от него ожидает Бог. Вспомните мудрый совет Соломона сыну в пятой главе Книги Притчей. Соломон изначально предупреждает сына о блуднице — что это за женщина и почему от нее следует держаться подальше (Притч. 5:1–14). Затем, красочно описав блудницу, Соломон объясняет сыну, почему ему нужно утешаться исключительно женой юности своей (Притч. 5:15–20). Мудрый царь призывает своего сына не «увлекаться посторонней» блудницей, а постоянно услаждаться любовью своей жены. Жертвенная любовь к жене, подобная любви Христа к Своей Церкви, согласие внутри брачных отношений должны произрастать из восторга перед чудной, таинственной Божьей благодатью — благодатью, подарившей вам эту женщину согласно Божьему верховному и премудрому замыслу.

Чарльз Сперджен не раз подвергался нареканиям за то, что был невнимательным к жене и двум сыновьям, поскольку проводил большую часть своего времени, странствуя по свету и проповедуя Евангелие. Однако, отметив недостатки Сперджена в неправильно расставленных приоритетах, мы не можем не заметить, с каким очевидным восторгом он относился к своей жене. Это особенно заметно, когда мы читаем письма, которые он ежедневно писал ей во время путешествий[15]. Получив от миссис Сперджен письмо, в котором она просила его больше отдыхать, а не писать ей так часто, Чарльз Сперджен написал ей в ответ: «Каждое слово, которое я пишу, доставляет мне такое же удовольствие, как и тебе; я рассказываю тебе обо всем подряд, но записываю новости по мере их поступления, чтобы ты видела, что это мне отнюдь не в тягость. Писать тебе — радость! Не переживай, что я пишу так много писем; выражать эту радость для меня — огромное удовольствие»[16]. В другой раз он послал ей несколько эскизов головных уборов итальянок, которые выполнил пером и чернилами, и сделал приписку: «Дорогая, пусть эти мелочи тебя позабавят; я считаю святым делом рисовать их, если они хотя бы просто вызовут радостную улыбку на твоих устах»[17].

Пасторам, у которых крайне напряженный рабочий график и множество непредвиденных ситуаций, стоит поучиться

---

15 Charles Ray, *Mrs. C. H. Spurgeon* (Pasadena, Tex.: Pilgrim, 2003), 53.
16 Ibid.
17 Ibid.

у Сперджена. Пастор, который искренне восхищается своей женой, должен донести это восхищение до ее сердца, чтобы она чувствовала себя любимой своим мужем. Он должен не просто соблюсти букву закона, но оставаться верным намерениям, стоящим за заповедями, и развивать в себе чувство головокружительного восторга от своей жены и мельчайших деталей ее характера. Просите Бога, чтобы ваша жена с каждым днем становилась для вас еще дороже. (**Кара:** *Мужья, на самом деле нам много не надо: мы просто хотим чувствовать себя важными — и любимыми!*)

Пасите, учите и наставляйте своих детей

«А слона-то я и не приметил...» Можно очень легко дать оценку тому, как пастор проводит свое время, если увидеть, сколько времени он фактически тратит на обучение собственных детей. Он может несколько часов в неделю посвящать обучению и наставлению членов церкви, но, возвращаясь домой, когда дело доходит до воспитания детей, он зачастую занимает более пассивную позицию или полагается на свою жену. Грех ослепляет многих пасторов, и, чтобы бороться с ним, они должны принять близко к сердцу четкие библейские наставления, которые Господь дает отцам-христианам: «И вы, отцы, не раздражайте детей ваших, но воспитывайте их в учении и наставлении Господнем» (Еф. 6:4). Отцы-христиане по-разному умудряются раздражать своих детей и вызывать в них гнев. Дети пастора, наблюдающие, как их отец постоянно отдает предпочтение церковным обязанностям, а не общению с ними, в конце концов начинают проявлять недовольство и зачастую раздражаются. Детей нужно учить в наставлении Господнем не меньше, чем овец паствы, за которых пастор отвечает в церкви.

Как же на практике должно выглядеть это наставление Господне со стороны отцов-христиан? Во Второзаконии Бог через Моисея проговорил такие слова:

> 🙾 *Слушай, Израиль: «Господь, Бог наш, Господь един есть. И люби Господа, Бога твоего, всем сердцем твоим, и всей душой твоей, и всеми силами твоими. И да будут слова эти, которые Я заповедую тебе сегодня, в сердце твоем; и внушай их детям твоим и говори о них, сидя в доме твоем и идя дорогой, и ложась и вставая; и навяжи их в знак на руку твою, и да будут они повязкой над глазами твоими, и напиши их на косяках дома твоего и на воротах твоих».*
>
> Второзаконие 6:4–9

В этих Божьих словах, обращенных к отцам, принадлежащим к Божьему народу, можно выделить три важных принципа. Во-первых, мы должны наставлять и обучать наших детей, чтобы они узнали истину о Боге и знали, чего Он ожидает от нас (Втор. 6:4–5). Мы наставляем детей не просто так, а стремимся к тому, чтобы они познали Бога, уверовали и приняли Евангелие. Во-вторых, мы учим детей, опираясь на Слово Божье, чтобы Писание изменяло их сердца (Втор. 6:6–7). Библия — источник тех знаний, которые мы передаем детям, и высший авторитет в нашей собственной жизни. Наконец, мы должны наставлять своих детей дома, не полагаясь лишь на церковные служения, чтобы Божье Слово занимало центральное место в нашем доме (Втор. 6:8–9). Мы должны учить детей регулярно, чтобы это было частью нашей ежедневной совместной семейной жизни. В связи с этим пасторам необходимо определить приоритеты, взяв на себя обязательство сначала наставлять в Господе собственных детей, а затем уже стремиться наставлять церковь.

[Кара]

Мы, жены, в этом процессе играем далеко не последнюю роль. Мы должны всячески поддерживать наших мужей в исполнении их обязанностей. Во-первых, мы можем отказаться от того времени, которое сами хотели бы провести с мужем, чтобы он мог провести его с детьми, возможно, даже один на один с каждым из них. Поскольку нашим детям суждено жить в родительском доме совсем недолго, важно, чтобы это время стало для нас приоритетом.

Во-вторых, мы должны помнить, что именно мы проводим больше всего времени с детьми. Поскольку я сама учу детей на дому, мне приходится проводить с ними большую часть своего дня. Я своими глазами вижу, как они растут и с какими трудностями сталкиваются. Поэтому я должна делиться этим с мужем, чтобы он знал, как нужно мудро обучать и наставлять детей. Не стоит ожидать, что он каким-то волшебным образом сам поймет, что произошло за день, что он сам по себе догадается о конкретных нуждах детей. Но мы с мужем — единая команда, поэтому должны работать сообща.

Наконец, мы должны способствовать тому, чтобы наши дети сами хотели проводить побольше времени с отцом, и в то же время учить их понимать, что случается так, что папе нужно уехать по непредвиденным обстоятельствам. Лучше всего в этом показать личный пример. Мы должны быть рады видеть мужа, когда он возвращается домой, но также проявлять снисхождение и понимание, когда он нужен церкви.

Будьте всегда готовы дать отчет

В Послании к Евреям записана одна истина, которая, пожалуй, наилучшим образом отрезвляет пастора: «Повинуйтесь наставникам вашим и будьте покорны, ибо они неусыпно пекутся о душах ваших, как обязанные дать отчет, чтобы они делали это с радостью, а не воздыхая, ибо это для вас неполезно» (Евр. 13:17). Несмотря на то, что это наставление дано всем христианам, здесь содержится прописная истина для пасторов. Из этих слов автора Послания к Евреям ясно следует, что пасторы дадут отчет за свою пастырскую работу. Однажды они дадут ответ Пастыреначальнику.

Я помню, какое сильное давление испытывал, когда впервые был рукоположен на служение старшего пастора в одной из церквей. Тогда я понял, что придется дать отчет Богу за то, как я опекал всех этих людей и заботился о них. Эта ответственность давила на меня так сильно, что по ночам я никак не мог заснуть. Но позже я осознал, что настолько сосредоточился на ответственности перед церковью, что забыл о не менее важной обязанности — заботе о своей собственной семье. Тогда я задал себе такой вопрос: если я когда-нибудь дам отчет за то, как заботился о членах церкви, то насколько больший отчет я должен дать за души членов собственной семьи? К сожалению, некоторые пасторы проводят всю свою жизнь в служении церковной общине, забывая при этом заботиться о тех, кто живет с ними под одной крышей.

Здесь многое поставлено на карту. И последствия такого пренебрежения могут быть плачевными. Но слава Богу!

У нас есть великий Спаситель, Который не только приобрел для нас прощение грехов и спасение от грядущего гнева, но и освободил нас от рабства греха. Тот, кто принял поручение от Самого Пастыреначальника, как никто другой, должен знать настоящую силу этой свободы. Прежде всего, мы должны испытать свои сердца, исповедать грех перед Богом и своей семьей и искренне раскаяться за то, что пренебрегли обязанностями мужа и отца и были невнимательными и непокорными. Нужно облечься во Христа и взять на себя обязательство совершать то, что Он ясно заповедал нам, — показывать пример пастве, что значит быть благочестивым отцом и мужем.

Вопросы для обсуждения

Другие пасторы или зрелые христиане → пастору

1. Признавали ли вы перед Богом и исповедовались ли в том, что пренебрегали собственной семьей? В чем вам конкретно стоит исповедаться?

2. К каким последствиям уже приводило такое пренебрежение?

3. В каких сферах родительских и супружеских отношений вам особенно следует возрастать? Как вы думаете, как бы на этот вопрос ответила ваша жена? Дети?

4. Что бы вы сказали, если бы вам нужно было дать отчет перед Богом о своем пастырстве в семье? Как Евангелие вдохновляет вас с любовью и благодатью быть добрым пастырем своей семьи?

РАЗМЫШЛЕНИЕ
Признаки благодати в служении

Джим Савастио

Один пожилой писатель однажды заметил, что «жизнь служения можно проверить по жизни служителя». Когда мы читаем в Библии о требованиях к пасторскому служению, нельзя не заметить важность характера человека и его отношений с другими людьми, особенно отношений в семье. По милости Божьей я более двадцати лет испытываю двойную радость и в браке, и в служении. Я женился, обучаясь на последнем курсе семинарии, поэтому мы с женой практически ничего не знали о супружеской жизни. Мы окунулись и в супружество, и в служение практически одновременно. Наши дети родились и выросли во время пасторского служения их отца. Но несмотря на трудности этого служения, Бог благословил нашу жизнь, и это благословение я связываю с некоторыми моментами, в которых Божья благодать была для меня особенно очевидна.

1. Божья благодать явилась мне в том, что Бог благословил меня извлечь уроки из *неудач*. Я, как правило, учусь больше на ошибках, чем на успехах в служении. Кроме того, на меня глубокое влияние оказывают наставления, которые я получаю от других. Я очень многое узнал на примере семей, потерпевших крах, и теперь знаю, как поступать нельзя. Когда автомобилист видит перед собой машину, которую заносит на льду, он может принять меры: остановиться, снизить скорость или поехать по другой дороге. Точно так же и человек может научиться избегать некоторых грубейших ошибок в своем служении и семейной жизни на примере ошибок других людей.

2. Бог не только предостерег меня от неудач с помощью плохих примеров, но и показал Свою благодать на *добрых примерах*. Когда Бог взыскал меня и даровал спасение, Он направил меня в общину, где я видел пример благочестивого пастора, который с благодатью относился к своей жене и детям. Я видел, как мужья в этой церкви любили своих жен и служили им, с любовью наставляли и воспитывали детей. Я видел семьи, которые светились от радости. Оглянитесь вокруг себя и посмотрите, нет ли рядом с вами людей, которые могли бы стать для вас достойным примером для подражания. Спросите у них, что они делают, возьмите с них пример.

3. Третьим признаком Божьей благодати для меня стало *доброе наставление*. Это особое благословение. Когда

я проходил подготовку к служению, один из моих наставников постоянно напоминал мне, что пасторское призвание никоим образом не отменяет христианской обязанности любить свою семью и заботиться о ней. Мне, молодому христианину, доходчиво разъясняли библейские отрывки, посвященные браку и семье. Истина этих основополагающих принципов Божьего Слова убедительно подтвердилась примером жизни людей, которые приняли Божью истину или отвернулись от нее. Если вы не до конца понимаете, что значит быть хорошим мужем и отцом, изучайте Писание и принимайте наставление от добрых благочестивых наставников.

4. Божья благодать явилась мне также через мою *молящуюся и поддерживающую меня супругу*. Ее поддержка моего служения всегда была для меня благословением. Как заметила Кара, именно жена пастора чаще всего несет на себе бремя непредвиденных ситуаций или внезапных ночных звонков. И от того, как жена справляется с этими обстоятельствами, во многом зависит здоровье и благополучие семьи. Мудрый пастор ни в коем случае не будет пренебрегать своей женой, потому что знает, что ее молитва и поддержка — залог долголетия и здоровья его служения.

5. Наконец, на мою долю выпало особое благословение, данное мне нашей общиной. Поддержка *церкви, хорошо обученной паствы,* стоит многого. Для меня огромное благословение служить в церкви, которая преданно

молится за мою семью и поддерживает меня, когда жена и дети остаются для меня важным жизненным приоритетом. Я никогда не слышал жалоб со стороны членов церкви, когда мне приходилось посвящать вечера общению внутри семьи, или проводить время, играя с детьми на игровой площадке, или отвлекаться от служебных обязанностей и уезжать с семьей в отпуск. Члены нашей церкви дают моей жене возможность просто быть моей женой и не относятся к ней как к дополнительному сотруднику, которому не нужно платить зарплату. Они стараются не отправлять моих детей в пресловутый «аквариум» и защищают их от заоблачных ожиданий, из-за которых многие пасторские дети впоследствии огорчаются на церковь.

Это лишь некоторые из благословений Божьей милости, которые подарили мне двойную радость счастливого служения пастора и счастливой семьи.

Джим Савастио несет пасторское служение уже двадцать пять лет и в настоящее время занимается обучением молодых пасторов.

ЧАСТЬ 2

ЖЕНА ПАСТОРА

«Не припоминаю, чтобы я соглашалась на это»

ГЛАВА 3
Борьба

[Кара]

Быть женой пастора нелегко. На этом пути я сталкивалась с глубокой болью, трудностями и разочарованиями. Как раз совсем недавно моей семье и церкви пришлось пережить череду тяжелых потерь в течение восьми месяцев. Дорогая нашему сердцу сестра умерла, не дожив всего месяц до своего 107-летия, затем мы потеряли близких друзей: пастор-муж и его жена погибли в автокатастрофе; а спустя три дня пришло трагическое известие о смерти молодого дьякона в нашей церкви. По стечению обстоятельств он также погиб в аварии, и его вдова осталась с двумя маленькими детьми. Во время его похорон нам сообщили, что еще один дьякон из нашей общины ушел в вечность. На протяжении пятидесяти лет он был верным служителем. Другой добрый брат из нашей церкви умер после продолжительной борьбы с онкологическим заболеванием. А очень скоро нам пришлось хоронить моего дядю, покончившего жизнь самоубийством. За восемь коротких месяцев мы потеряли семь близких человек, которых горячо любили! Мы заботились о них, а они поддерживали нашу семью и служили нам. Ко всему прочему, в разгар этих событий мужей моих двух близких подруг призвали на пасторское служение в других церквях, и они последовали за мужьями, оставив нашу церковь.

Это было очень непростое время.

Жизнь и без того полна трудностей. Но вдвойне сложно пройти через боль утраты, учитывая особые отношения, которые складываются у пастора и его семьи с членами поместной церкви. Для наших мужей это тяжелое испытание. А когда страдают они, страдаем и мы, их жены.

Жизнь в служении требует от нас жертвовать своим временем, эмоциями и ресурсами. Такой образ жизни предполагает постоянное и усердное самопожертвование ради благополучия других людей. И стоит нам потерять бдительность, мы легко поддаемся усталости, опустошению и разочарованию. Но даже в печали есть место для радости! Даже в самой глубине невзгод и сердечной боли мы видим работу Божьей благодати. Когда мы заботимся об овцах Божьего стада, нам в полной красоте открывается уникальное чудо Господней любви.

Как справиться с нереалистичными ожиданиями

Конечно же, я могу одновременно вести воскресную школу для детей и присутствовать на богослужении.
Зачастую церковь возлагает на пастора и его супругу несбыточные надежды. Если вы замужем за пастором церкви, то наверняка ощущали нечто подобное. Иногда мы взваливаем груз нереалистичных ожиданий на себя сами, иногда слишком много от нас ожидают мужья. Так или иначе, эту проблему нужно решать. Нам необходим здравый, мудрый, богоугодный подход.

Возможно, члены вашей церкви ожидают, что вы возьмете на себя руководство детским служением, будете присутствовать на всех церковных собраниях и мероприятиях (свадьбах, похоронах и днях рождения), а также, само собой разумеется, будете ежедневно и ежечасно готовы принимать гостей у себя дома, кормить их завтраками, обедами и ужинами и проводить встречи малых групп. Кроме всего прочего, предполагается, что вы будете образцово одеваться, идеально воспитывать детей и мило общаться с мужем на людях. Список подобных ожиданий бесконечен и, кстати, постоянно меняется. На своем поприще жены пастора вы обязательно встретитесь с такой проблемой и не сможете ее игнорировать. Выход один: отбросить страх и понять, что с этим делать.

Одна мудрая женщина, также супруга пастора, однажды сказала мне: «Супругу служителя всегда должно быть видно, но это вовсе не значит, что она должна делать все подряд». Иначе говоря, важно, чтобы жена пастора разделяла его стремление служить церкви, но мнение окружающих не должно стать главным мотивом ее служения. Вместо этого нам следует углубляться в истины Божьего Слова. Я часто обращаюсь к тексту из второй главы Послания к Титу, где Сам Бог говорит, какой должна быть благочестивая христианка:

> 99 *…чтобы старицы также одевались прилично святым, не были клеветницами, не порабощались пьянству, учили добру; чтобы вразумляли молодых любить мужей, любить детей, быть целомудренными, чистыми, попечительными о доме, добрыми, покорными своим мужьям, — да не порицается слово Божие.*
>
> *Титу 2:3–5*

Есть пара замечательных книг, в которых авторы рассуждают о жизни христианки на основании этого отрывка, но я не буду пересказывать их содержание[18]. Да, эти стихи совершенно однозначно перечисляют качества, присущие характеру верующей женщины. Но разве есть в тексте хоть слово о том, сколько раз в месяц нужно вести воскресную школу или проводить у себя дома встречи по изучению Библии? Павел объясняет Титу во второй главе своего послания, что женщина в роли жены и матери должна любить членов своей семьи и искренне служить им от всего сердца. Апостол Павел дает нам верную мотивацию и показывает, насколько важно быть добрым примером своей жизнью во славу Божью для окружающих («да не порицается слово Божие»). В этом отрывке нет никакого прямого указания на необходимую степень занятости в служениях церкви. Это значит, что ваши ожидания в этой сфере не базируются напрямую на Священном Писании.

В первую очередь жена пастора — его помощница, и она должна осознавать важность этой роли, ведь это влияет на семейную жизнь и совместное служение. Начните с откровенной беседы с мужем. Попросите его мудро направлять вас в этой сфере жизни. Дорогие сестры, мы нуждаемся в мудром руководстве наших мужей. Позвольте мужу быть лидером. С готовностью принимайте его советы. Конечно, в вашей конкретной ситуации могут быть свои нюансы. Каждая семья уникальна, уникален и пасторский труд, а потому не существует универсальной формулы, с помощью которой можно было бы волшебным образом достичь взаимопонимания

---

[18] Моя любимая книга — Carolyn Mahaney's *Feminine Appeal: Seven Virtues of a Godly Wife and Mother*, rev. ed. (Wheaton, Ill.: Crossway, 2012).

с мужем, решить все семейные проблемы и обрести новые силы для служения. Я верю: ваш супруг прекрасно видит ваши слабости и таланты. Он хорошо понимает, как ваши дары, особый темперамент и проницательность могут помочь ему в деле служения церкви, в которую вас призвал Бог.

Начиная такой разговор, вы можете почувствовать, что муж переоценивает ваши возможности. Вероятно, вам придется честно поговорить о том, что принимать дома гостей не так просто, как ему может казаться, и это требует больших усилий. Но важно, что вы искренне беседуете об этих ожиданиях. Постепенно супруг будет лучше понимать нюансы вашей ежедневной домашней нагрузки, и вы сможете объяснить, почему не справляетесь. По мере того, как ваш муж будет стремиться в любви служить вам, его ожидания будут все больше соответствовать вашим возможностям. «А что, если он все равно ожидает того, что мне не под силу?» — спросите вы. Дорогие сестры! Наш Бог несоизмеримо сильнее каждой из нас! Да, мы открываем свое сердце, искренне делимся переживаниями, но, чтобы возрастать и приносить добрый плод, нам придется прилагать усилия. Такие моменты напоминают, что лишь Бог дает силу и энергию, чтобы усердно трудиться. Укрепляясь в Господе, мы сможем проходить через трудности. Он дарует желанный отдых перед новыми испытаниями, которые по Его воле могут появиться на нашем пути.

[Брайан]

Братья, когда ваша жена переживает и чувствует, что не может оправдать ваших ожиданий, послушайте ее и прислушайтесь к ней. Не стоит возлагать на ее плечи чрезмерно тяжкий груз. Прежде чем просить или требовать, вспомните о том, что женщина ежедневно сталкивается с особыми трудностями. К сожалению, пасторы как раз известны тем, что лучше видят нужды своей общины, чем нужду в помощи собственной жены. Остерегайтесь взвалить на вашу помощницу бремя, которое она не сможет нести. Постарайтесь подробнее узнать, чем она занимается в течение дня, когда служит в церкви и заботится о семье.

Борьба с одиночеством

Будем друзьями? Нет? Почему?

Я никогда лично не встречалась с президентом и уж тем более никогда с ним близко не общалась. Но я уверена, у нас с ним (и, скорее всего, с его женой) есть как минимум одна общая черта: вокруг нас находится множество людей, которые хотели бы знать нас; есть немало тех, кто думает, что знает нас; есть большое количество тех, кто хотел бы получить от нас какой-то совет; но по-настоящему нас знают лишь единицы. Очень мало людей действительно знают, кто мы такие. Любой пастор и его жена постоянно находятся на виду в церкви, но мало кто задумывается, о чем они по-настоящему переживают и в чем нуждаются. У вас, наверное, есть такие знакомые, которые чувствуют особую близость к вам, но вы не можете ответить им взаимностью и довериться во всем. Скорее всего, они искренне посвящают вас в мельчайшие подробности своей жизни, но о ваших делах не знают ровным счетом ничего.

Что бы ни было тому причиной, трудно обойти стороной тот факт, что жена пастора довольно одинока. Это одиночество может быть вызвано малочисленностью церкви или тем, что члены церкви недолюбливают пастора и конфликтуют с ним. Либо, напротив, может быть, вы в большой церкви и все предполагают, что у вас и так много друзей. Возможно, вы домохозяйка, а все остальные женщины в церкви ходят на работу, или, наоборот, вы работаете, а другие сестры трудятся дома и воспитывают детей. Возможно, вы уже в свое время проявили открытость, а вас предали, и теперь эти незажившие раны дают о себе знать и вы не хотите вновь «получить нож в спину».

Когда мы с Брайаном только поженились, он нес служение молодежного пастора в небольшой сельской церкви. Мне тогда было всего двадцать лет. Большинство членов церкви были раза в два старше меня (можно сказать, годились мне в отцы и матери). А другим, совсем юным, уже я годилась в няньки. Понятно, что мне было очень тоскливо без общения с ровесниками, а новый семейный статус и неопытность в служении усугубляли ситуацию. Все время, пока мы находились в той церкви, я чувствовала себя одиноко.

Ситуация отнюдь не улучшилась, когда мы переехали в другое место и в другую церковь. Одиночество осталось, а борьба с ним не прекратилась. Как оказалось, в каждой новой церкви мы встречались с новыми вызовами. Они сопровождали нас независимо от того, был ли мой муж молодежным пастором, или помощником старшего пастора, или старшим пастором. Более того, мне кажется, что с тех пор, как он занял должность старшего пастора, некоторые сестры стали бояться меня — пасторской жены. Их словно что-то удерживает от общения со мной, и я до сих пор не знаю, как преодолеть этот барьер.

Помню, как однажды сестра из нашей церкви пригласила меня на обед. Ее мужа в скором времени должны были рукоположить на пасторское служение, и у нее накопилось ко мне множество вопросов. Мы отлично пообщались, и в какой-то момент она выразила искреннее удивление оттого, что почти никто в церкви почему-то не приглашал ее в гости на обед. Она думала, что люди хотели бы познакомиться с ней поближе. Я рассмеялась и спросила: «А как ты думаешь, сколько раз меня звали в гости?» Мой ответ привел ее в крайнее изумление. Эта женщина полагала, что пастор с супругой постоянно получают приглашения на разные мероприятия. И такое заблуждение, кстати, весьма распространено! Но правда в том, что можно было по пальцам пересчитать случаи, когда нас приглашали в гости пообедать. Не буду утверждать, что такое происходит в каждой поместной общине. Церковь, в которой мы сейчас служим, — выдающееся исключение! Моя семья и я лично окружены заботой и вниманием церкви. Тем не менее этот опыт научил меня тому, что если я буду сидеть и ждать, что кто-то подойдет ко мне и проявит инициативу в общении, то, скорее всего, я так и останусь в гордом одиночестве.

Я совсем не экстраверт. Была бы моя воля, я бы сидела в самом далеком углу церкви и просто спокойно наблюдала за всеми со стороны. Такая замкнутость и склонность избегать людей очень мешают мне общаться и дружить с другими сестрами в церкви. Но я пришла к выводу, что должна сама делать первый шаг навстречу дружбе. Нужно вначале обдуманно подходить к новым отношениям, а дальше — усердно трудиться, чтобы поддерживать их.

Кроме того, мы должны взывать к Богу. Возможно, наше одиночество было вызвано тем, что мы сами не стремились к дружбе с другими, но, может быть, Господь еще не послал нам близкого друга и нужно просто подождать. Период одиночества — лучшее время научиться довольствоваться благодатью Божьей и укреплять отношения с Ним. Лишь Он самый совершенный друг, близкий и понимающий, тот, кто «более привязан, нежели брат». Наш Бог — всезнающий, вездесущий и милосердный. Если одного Христа нам недостаточно, то никакая дружба тем более не удовлетворит нашу потребность в отношениях.

Наконец, нам понадобится терпение. Глубокая искренняя дружба не может появиться мгновенно, она потребует времени и усилий, терпения и честности, открытости и умения прощать. Возможно, у вас будет не много настоящих друзей. У большинства из нас есть один или два близких друга, и такую дружбу нужно воспринимать как добрый Божий дар. Вместо того, чтобы роптать и жаловаться, что нам не хватает душевного общения, мы должны быть благодарны Господу за этот дар дружбы, если даже это один-единственный человек.

Без внимания, но под пристальным взглядом

Заметна лишь тогда, когда случается проблема.

Эта история произошла спустя всего пару месяцев после того, как мы с Брайаном прибыли в нашу нынешнюю церковь. Во время воскресного общения ко мне подошел один из дьяконов и, указав на супругу другого пастора, спросил: «Карла, ты не помнишь, как зовут эту женщину? А то я боюсь перепутать имя». Вам может показаться, что это вполне безобидный вопрос. Но ирония в том, что меня зовут не Карла, а Кара! Сейчас этот эпизод, конечно, вызывает у меня улыбку, ведь он не нарочно ошибся! Но в тот день я очень на него обиделась. Только подумайте: мой муж уже на протяжении нескольких месяцев был старшим пастором церкви, а один из ее лидеров до сих пор не смог выучить, как меня зовут! В тот момент я чувствовала себя лишней и бесполезной. (Кстати, этот дьякон все же запомнил мое имя и теперь каждое воскресенье любезно приветствует меня, когда я захожу в церковь.)

Равнодушие окружающих и ощущение невостребованности идут рука об руку с постоянным чувством одиночества. Служение пасторской супруги проходит в тени ее мужа. Ты живешь под пристальными взглядами, но в действительности ты незаметна. Когда в церкви я знакомлюсь с новыми людьми, в течение нескольких мгновений я сомневаюсь, стоит ли сразу говорить им, кто мой муж. Только не подумайте, что я стыжусь своего статуса, вовсе нет! Просто знаю: стоит человеку услышать, что я замужем за пастором церкви, моя *личность* сразу сместится на второй план. Пожимая руки незнакомым людям, я в глубине души хочу вначале познакомить их с «Карой, уникальной личностью», и лишь затем — с «Карой, женой пастора».

Пасторское служение наших мужей имеет публичный и видимый характер. Они всегда на виду, проповедуют, наставляют, общаются с другими, ездят на встречи, в то время как их жены успокаивают шумных малышей на заднем ряду, присматривают за чужими детьми в детской комнате церкви или вообще сидят дома, потому что дети снова заболели. Наш вклад в семью и служение часто остается незамеченным, равно как и наши собственные интересы. Иногда нам даже неловко сказать, что у нас вообще-то есть свои заботы и нужды.

Я практически не припомню, чтобы члены церкви говорили мне: «Кара, как мы ценим, что благодаря твоей неустанной заботе о доме и детях твой муж может служить церкви!» Но лишь только возникает проблема в церкви, все хотят рассказать о ней жене пастора, чтобы именно она сообщила эту весть своему мужу. Если вдруг кому-то что-то не нравится, мгновенно объектом всеобщего внимания становится жена пастора, будто она может каким-то образом разрулить конфликтную ситуацию! Только что ты была невидимкой, и вдруг на тебе сосредоточено все внимание, словно ты живешь под микроскопом. Когда родилась наша третья дочь, мы с Брайаном были в той церкви уже полгода. Первой дочери было тогда четыре года, средней — два. Мне приходилось часто выходить во время служения, чтобы покормить малышку, и некоторых людей это сильно возмущало. Тогда я поняла, что члены церкви в буквальном смысле следят за мной, но при этом мало кого волновали мои личные проблемы и переживания.

Нет простого решения в ситуации, когда все твои действия находятся на виду, но твои нужды остаются незамеченными. Лучшее решение — помнить, что мы совершаем служение не ради одобрения или похвалы (Гал. 1:10). А еще — собраться с духом и открыть окружающим свои нужды. Лично мне это дается тяжелее всего. Я очень часто полагаюсь на собственные силы. И лишь только начинаю думать о себе в подобном ключе, Бог моментально напоминает о моей самонадеянности. Он показывает, что я не только более всего нуждаюсь в Нем, но также и в других людях. Не бойтесь признаться, что вам нужна помощь. Жена пастора может подать добрый пример женщинам в церкви, продемонстрировав им, что никто из нас не самодостаточен. Переступить через свою гордость и попросить о помощи всегда непросто, и этому нужно учиться.

Начните с простого: попросите кого-нибудь молиться о вас. Когда мы работали над этим текстом, моя близкая подруга спросила, много ли христиан молятся о нашей семье и работе над книгой. Ее вопрос сильно обличил меня, ведь я никого не просила молиться об этом! Через эту сестру я получила кроткое, но твердое напоминание, в котором нуждалась. Я была слишком самоуверенна и решила, что прекрасно справлюсь сама. Эта беседа вдохновила меня пересмотреть список моих молитвенных нужд и решить, кого можно попросить молиться обо мне. Бессмысленно ожидать помощи от окружающих, если мы скрываем свои нужды.

Как научиться правильно реагировать на критику

Это вы мне говорите?

Мне всегда было непросто воспринимать критику в свой адрес. Но больнее всего мне слышать, как другие неодобрительно высказываются о моем муже или детях. Представьте: вы знаете, как тщательно и прилежно ваш супруг готовится к проповеди, а кто-то из членов церкви делает ему (а иногда и вам) язвительное замечание, что «в этот раз он проповедовал слишком долго». Это трудно. Или ваш муж долго молится и постится, чтобы принять сложное решение, и потом вы случайно узнаете, что отдельные люди в церкви не очень-то ему доверяют и им кажется, что пастор ведет общину по ложному пути. Это уже больно. Возможно, он провел уйму времени, наставляя молодого брата, а тот за спиной у вашего мужа ставит под сомнение его пригодность для пасторского служения. Это уже звучит как предательство. Жене пастора невероятно сложно, больно и обидно переживать такие ситуации. К сожалению, все эти приведенные мною примеры я не выдумала. Эти случаи действительно произошли в разные периоды пасторского служения Брайана.

Когда мужчина впадает в уныние, жена должна помочь ему «собрать осколки». Труд супруги чрезвычайно важен: вы должны помогать в анализе критических замечаний, ведь они могут быть правдивы, давать обратную связь и побуждать супруга прощать людей и вновь проявлять к ним любовь. Для пастора помощь супруги в такие моменты попросту неоценима. Я знаю немало женщин, которые оказали существенное влияние на своих мужей-пасторов и на то, какие решения те потом принимали. К слову, это влияние может быть как позитивным, так и негативным. Жене под силу воодушевить мужа прощать, смиряться, проявлять милосердие и благочестие; и она же способна пробудить в нем ненависть, гордость, гнев, обиду и мстительность. Но, осознавая силу своего влияния, женщина должна пользоваться ею с огромной осторожностью, прося у Бога мудрости в молитвах. К примеру, некоторым сестрам не помешает внимательнее следить за своим языком, учиться прощать и воспитывать в себе смирение.

Нередко мы впадаем в искушение воспринимать критику как личное оскорбление. Ясность ума улетучивается, и мы сразу забываем, что не стоит принимать каждое слово близко к сердцу. Самые непростые беседы у нас с мужем случались, когда мы обсуждали негативные комментарии в его адрес и пытались разобраться в них и извлечь пользу. В критике всегда есть частица истины, которая полезна для обоих супругов. Такие ситуации, хоть и неприятны, но назидательны и способствуют духовному росту. Не стоит упускать возможность развиваться и совершенствовать навыки пасторского служения. Мудрая жена будет не оправдывать своего мужа в любых обстоятельствах, а вдохновлять его следовать Божьему призванию и продуктивно использовать данные Богом лидерские способности. Это будет для него лучшим ободрением. Она должна благословлять его так, чтобы он был верным руководителем и добрым пастырем. Задача жены — воодушевить своего мужа искать Господа и извлекать уроки из достоверной и конструктивной критики, благодаря которой он сможет расти и развиваться, а также противостоять надуманному критиканству и личным пустым оскорблениям.

Одна опытная сестра, которая также замужем за пастором, дала мне дельный совет: мы ни в коем случае не должны забывать, что «наша брань не против крови и плоти». Это духовная борьба. Я часто напоминаю себе эту истину, когда мне чрезмерно тяжело и критика становится невыносимой. Когда я знаю, где происходит настоящая битва, мне легче прощать обиды. Теперь я словно вижу картину целиком, а не фрагментарно: суть не в том, чтобы оставить за собой последнее слово или утвердить собственную правоту. Мы ведем сражение в духовной битве за сердца и умы людей.

На практике полезно понимать границы своих возможностей, чтобы ясно сформулировать их для мужа. Я вспоминаю, как в самом начале нашего служения мне пришлось присутствовать на весьма бурных членских собраниях. Я с трудом могла досидеть до конца, не сказав ни слова! Тогда наши дети были уже достаточно взрослыми и немного понимали, что происходит. Чтобы оградить себя и детей, я просто шла в детскую комнату и во время этих собраний помогала присматривать за малышами. В моем случае оказалось намного легче обсудить прошедшую встречу с мужем, чем присутствовать на самом собрании, заряжая себя отрицательными эмоциями. К тому же я слушала его гораздо внимательнее, могла рассуждать объективнее и дать ценный совет. Главное — хорошо представлять пределы своих возможностей и слабые стороны.

[Брайан]

Дорогие братья-пасторы, не совершайте непростительную ошибку, отказываясь прислушаться к словам своих жен. В трудные времена ваша супруга может оказать неоценимую поддержку и помочь в вашем духовном росте. Дайте ей свободу честно разговаривать с вами.

Плотное расписание

Церковный пикник на этих выходных? А раньше ты мне не мог об этом сказать?

Мой свекор — семейный доктор, и я несколько лет работала вместе с ним. Опыт совместной работы буквально открыл мне глаза на то, как сильно загружен он и его коллеги. Часто врачу приходится приезжать в клинику за несколько часов до начала рабочего дня, а после окончания смены задерживаться, чтобы ответить на срочные звонки пациентов. Отпуска случались крайне редко, и выкроить на них время почти не представлялось возможным. А понятие «рабочее время» для врачей не имеет четких границ. Ради профессии они приносят в жертву свою личную жизнь и совершенно не жалуются, ведь они сделали осознанный выбор жизненного пути. И пациенты бесконечно благодарны им за самопожертвование.

Я с удивлением обнаружила, что образ жизни доктора не сильно отличается от образа жизни пастора. Мы со свекром часто беседовали о том, как много схожего в сумасшедшем расписании врача и пастора, и в шутку жалели друг друга. Большинство членов церкви видят, как наши мужья проповедуют на утреннем воскресном собрании (возможно, иногда и на вечернем) и еще в среду вечером. Но мы, жены, знаем, что пасторское служение не ограничивается проповедями пару раз в неделю! Лишь супруга знает, как много времени пастор проводит за подготовкой к проповедям и библейским урокам; сколько желающих встретиться с ним для душепопечения или простого разговора; сколько неожиданных поздних телефонных звонков!.. Я сбилась со счета, вспоминая сколько раз моему мужу говорили: «Пастор, я знаю, что у вас сегодня выходной, но...»

У пасторов не бывает «выходных». Об этом обычно никто не говорит вслух, но все уверены, что у пастора «ненормированный» рабочий день, а временем для семьи можно пренебречь. Само собой, мы пытаемся планировать свое семейное время, но жизнь часто вносит свои коррективы в наш распорядок. Можно ли запланировать семейный кризис, автомобильную аварию или внезапную болезнь? Или, может быть, дети рождаются строго по расписанию?

Действительно, практически невозможно строить планы в таких обстоятельствах. Но как сохранить хотя бы какое-то подобие нормальной семейной жизни? Первый и самый важный совет: будьте снисходительны, когда мужу приходится реагировать на нужды людей. Вот пример. Поздно вечером Брайан возвращается домой. Он целый день работал над текстом проповеди и проводил встречи по душепопечению. Но тут раздается телефонный звонок, и вот он уже снова в пути, спешит в больницу или туда, где требуется срочная помощь. Такое происходит постоянно. И мой муж не может этого запланировать! Поверьте мне, он с большим удовольствием остался бы дома и провел приятный вечер с семьей, к примеру выкупал бы детей или выгулял собаку. Но пастор знает, что церковь нуждается в нем прямо сейчас! В его сердце живет глубокая любовь к людям, и Господь всегда посылает силы для служения им.

В такие кризисные моменты я оказываюсь перед выбором. Можно обидеться и долго дуться на мужа, что его снова нет дома, а мне приходится самой заниматься детьми без его помощи. Но можно проявить благодать и дать ему свободу совершать служение. Признаюсь, что в таких обстоятельствах я не всегда веду себя правильно. Случается, что вечерами я сижу одна и чувствую себя очень одиноко, ведь целый день я не видела своего мужа и не общалась с ним. Но мне помогает осознание того, что и ему тоже непросто. Мы оба были призваны к такому служению. А пастырство предполагает внимание к нуждам других.

Поэтому первым делом примите, что неустройство и боль всегда будут в той или иной мере присутствовать в жизни жены пастора. Потому нужно учиться быть смиренной, кроткой и проницательной. Еще, вполне вероятно, вам придется напоминать мужу о потребностях вашей семьи. Пасторам бывает непросто расставить приоритеты, и нередко они попадают в ловушку. Греховные привычки и идолы приводят к тому, что пастор отдает буквально все свое время и силы на служение церкви, забывая о нуждах собственной семьи. Наша ответственность в том, чтобы молитвенно и спокойно сообщать мужу о своих заботах и позволить ему проявлять заботу в ответ. Мы в свою очередь можем составить разумный распорядок семейных мероприятий и дел.

Однажды мне довелось беседовать с женщиной, чей муж был пастором более сорока лет. Я спросила, какие сложности, на ее взгляд, испытывает сегодня жена пастора в браке и служении. Ее ответ меня очень удивил и заставил глубоко задуматься. Она считала, что сегодня мужчины гораздо активнее помогают женам вести домашнее хозяйство, чем в прежние времена, но женщины по-прежнему жалуются, что мужья не оправдывают их справедливых ожиданий! В ее словах я увидела себя и свое поколение. Рассуждая о том, что она сказала, я сделала несколько выводов. Они могут оказаться полезными, если вы собираетесь начать разговор с мужем о распорядке вашей семейной жизни.

Задайте себе несколько вопросов. Разумно ли то, о чем я сейчас прошу своего мужа? Есть ли другой способ осуществить мою задумку? Могу ли я не беспокоить мужа по этому поводу? Насколько это полезно для нашей семьи и в чем заключается эта польза? И наконец, прославляет ли Бога то, чем мы заняты в настоящий момент? Очень важно беседовать с мужем о том, что подходит именно вашей семье. Обсудите, к примеру, сколько людей вы сможете приглашать в гости каждый месяц, когда вашему мужу лучше взять отпуск и какое время лучше подойдет для семейного общения и поклонения. Ну и, конечно, убедитесь, что ваши идеи разумны и осуществимы.

Пусть тайное останется тайным

По секрету всему свету, что случилось, расскажу.
Вам совершенно не обязательно быть в курсе абсолютно всех нюансов того, чем занимается ваш муж на работе и в служении. Более того, есть детали, которыми он *не в праве* делиться

с вами, чтобы сохранить втайне то, что доверили ему другие люди. Неприглядные подробности жизни членов церкви — не ваше дело, и не стоит пытаться предлагать свои советы в любой ситуации. Тем не менее ваш супруг сам будет посвящать вас в некоторые из своих вопросов, чтобы услышать ваше мнение и совет. Возможно, ваш жизненный опыт окажется незаменимым для помощи члену общины, который попал в сложные обстоятельства. Но если вам доверили особую информацию и просят совета, будьте осторожны и подходите к вопросу со всей ответственностью, осознавая возможные риски. Чем больше мы знаем о других людях, тем сильнее соблазн поделиться секретом с кем-то еще.

Я хорошо понимаю, что не всякая женщина подвержена искушению сплетничать. Но по меньшей мере не будем забывать, что Библия увещевает стариц не быть «клеветницами» (Тит. 2:3). И это увещание дано не просто так! Обуздывать свой язык мы обязаны в любом возрасте. Не стоит вытягивать клещами из мужа чужие секреты. И даже если ваш муж не связан обязательством сохранять чью-то тайну, позвольте ему самому решить, стоит ли посвятить в это вас. Брайан всегда очень осмотрителен, когда рассказывает мне о других членах церкви, особенно если это касается братьев. К примеру, мне совершенно не обязательно знать, кто из мужчин в нашей церкви борется с зависимостью от порнографии. Притом такая информация может принести больше вреда. Если я буду требовать от мужа рассказывать мне такие подробности, то поставлю его в весьма неудобное положение. В некоторых случаях распространение такой информации можно расценить как нарушение конфиденциальности, что повлечет за собой юридическую ответственность.

Дело в том, что нам действительно может быть тяжело справиться с информацией, которой с нами поделились. Вашему мужу повезло, если вы не рассказываете все «по секрету» лучшей подруге. Любая информация, которая не была предназначена для других ушей, даже если она просачивается наружу под видом «молитвенных нужд», все равно является сплетней. И это грех, ведь вы злоупотребляете доверием человека. Если нет полной уверенности, что вы способны сохранить конфиденциальную информацию, лучше вам ее вовсе не говорить. Пастор может советоваться со своей женой лишь в том случае, когда уверен, что она не будет распространять слухи, а, напротив, будет сдерживать свой язык.

В таком случае стоит ли вообще пастору делиться информацией с женой и посвящать ее в детали служения? Несколько раз мой муж просил меня участвовать в душепопечении некоторых сестер из нашей церкви. Таким образом, во-первых, он ограждал самого себя от ненужных слухов, а во-вторых, это помогало ему получить женский взгляд на ситуацию. Брайан всегда предельно осмотрителен в том, что касается встреч с сестрами. Он взял за правило никогда не общаться с женщинами наедине. Поэтому я уверена, что он не допустит компрометирующей ситуации, а если появляется хоть малейший намек на нечто подобное, он сразу просит меня участвовать в беседе. Я знаю, что Брайан доверяет мне и, что немаловажно, члены нашей церкви также уверены, что мне можно доверять. Когда со мной кто-то делится информацией, я ясно даю понять, что не разглашу ее без разрешения, если на то не будет особо важной причины и согласия человека, доверившего ее мне. Особенно для жены руководителя церкви последствия ее действий могут иметь разрушительные последствия.

[Брайан]

Что касается обсуждения чужой деликатной информации со своей женой, необходимо найти мудрый и здоровый баланс. И ответственность за это лежит на вас, пасторы. С одной стороны, если вообще не делиться с женой, она может почувствовать, что вы не пускаете ее в свой внутренний мир, и сама отдалится от вас. С другой стороны, женщина может оказаться в ловушке, зная слишком много, но не имея возможности каким-то образом повлиять на ситуацию. Важно не перегнуть палку и найти этот баланс. Помните, что она ваша жена, а не второй пастор. Делитесь с ней некоторыми деталями ради ее блага и блага других, но помните, что она не может и не должна нести то же бремя, что и вы.

Вам не обязательно быть экспертом в богословии

«Необходимая реформация эсхатологически освященной пуританской личности». Да, эта фраза не имеет смысла. Именно это я и хочу сказать!

Стоит ведущему воскресного библейского урока задать мне какой-нибудь вопрос, я покрываюсь холодным потом. Ведь иногда он спрашивает о последней проповеди, содержание которой я, хоть убей, совершенно не помню. А иногда он использует такие длинные богословские термины, что мне кажется, будто он говорит на иностранном языке. Буду откровенна: я не всегда понимаю, о чем беседуют наши семинаристы, и не до конца улавливаю смысл их шуток. Но они почему-то думают, что мне все ясно. Поэтому я смеюсь и улыбаюсь вместе с ними, а про себя думаю: «Я не имею ни малейшего представления, о чем идет речь».

Бесспорно, женщинам важно погружаться в Священное Писание. Мы должны изучать Божье Слово, но сам факт замужества с пастором вовсе не означает, что мы должны быть экспертами в богословии. Если вы желаете учиться, я только этому рада и всячески вас поддержу. Исследуйте библейскую картину мира, углубляйтесь в Евангелие. Изучение богословия очень важно, но знание и понимание богословской терминологии вам не особо поможет в жизни. Я не боюсь признать, что мне значительно приятнее почитать книгу Джейн Остин «Гордость и предубеждение», чем, к примеру, «Систематическое богословие» Уэйна Грудема или «Экзегетические ошибки» Дональда Карсона. Перед сном я с большим увлечением окунусь в мир героев Джейн Остин, пока мой муж будет размышлять о богословских последствиях Холокоста и обдумывать проблему существования зла.

Почему-то люди в нашей церкви полагают, что если пастор может дать богословский ответ на их вопросы, то и его супруга тоже должна это уметь. Но, по правде говоря, среди наших сестер есть женщины, которые разбираются в богословии во много раз лучше меня. Если кто-то спрашивает меня, допустим, о том, как учение о предопределении повлияло на мои сотериологические взгляды, я обычно смотрю собеседнику прямо в глаза и серьезно отвечаю: «Мне нужен переводчик с богословского языка». Действительно, признать, что вы не знаете ответа на вопрос, — более чем приемлемо. Абсолютно нормально в этой связи обратиться к авторитету вашего мужа и других пасторов. Впрочем, для этого необходима и доля смирения. Признание того, что мы не знаем всего, делает нас более человечными и простыми в общении. В таком случае разрушается барьер, стоящий между нами и членами церкви. Когда женщины в церкви задают мне сложные вопросы, я просто говорю: «Я не знаю. Об этом лучше спросите Брайана». После такого ответа я не раз видела вздох облегчения. Можно сказать, тогда сестры чувствуют, что они не одиноки, что есть и другие люди, которые тоже не все понимают.

Конечно, всего знать невозможно, но это не значит, что теперь не нужно искать ответы на свои вопросы. Не стоит чрезмерно опасаться богословия и избегать любого соприкосновения с ним. Процесс учебы неразрывно связан с личностным ростом и исследованием. И возможно, вы сможете постичь терминологию богословских дискуссий и начнете получать удовольствие от участия в них.

В плену стереотипов

Нет, я не играю на фортепиано и не вяжу крючком.
Когда Брайан сообщил мне о своем желании стать старшим пастором церкви, мне это совершенно не понравилось. Но только не подумайте, что я сомневалась в призвании или дарах своего мужа. Причина была в другом: я была твердо убеждена, что не смогу соответствовать идеалу образцовой пасторской жены и Бог *никогда* бы не дал мне эту роль. Мне казалось, что жена пастора обязательно должна каждое воскресенье аккомпанировать на фортепиано, петь в хоре, заниматься организацией летнего лагеря, вязать крючком и мастерить лоскутные одеяла. Тогда я четко понимала, что ничего из этого делать не умею. Лишь раз в жизни я пыталась шить. Вдохновившись решимостью сшить шторы для своей кухни, я выбрала подходящую ткань и нашла знакомую, которая согласилась научить меня премудростям швейного

дела. Промучившись со мной часа два, бедная женщина предложила мне заняться глажкой ткани. Она быстро поняла, что талант к шитью у меня отсутствует напрочь, а вот гладить у меня вполне получается!

Почему-то все мы заранее имеем набор стереотипных представлений о том, какой должна быть жена пастора. Эти стандарты мы примеряем на других и на себя, некоторые стереотипы создает церковное окружение. Нужно помнить, что каждое служение уникально, каждая семья единственная в своем роде, и Бог особым образом дает нам дары для этого служения.

Когда Бог призывает нас на служение, то обеспечивает всем необходимым, чтобы мы могли исполнить свое предназначение. Он обещает послать помощь, когда в ней есть необходимость (Евр. 4:16). Я знаю, что Господь дает мне умение быть именно той женой, в которой нуждается мой муж. Также я убеждена, что мои способности целиком предназначены как раз для служения в поместной церкви. Мои дары и умения могут отличаться от ваших, и это вполне нормально. Каждый из нас призван служить там, куда поместил нас Бог.

На разных этапах жизни наше служение может быть разным, ведь мы становимся старше и тоже меняемся. Сейчас нашему младшему ребенку пять лет, и у меня открылись новые возможности, которых не было, пока мои дети не достигли этого возраста. Когда мои дети вырастут и покинут наш дом, я смогу служить совершенно иначе, не так, как сейчас, когда дети дома. В разные годы наше служение будет проходить разные этапы. У каждой жены пастора свое особое служение, уникальное и отличное от других.

Служить вашей церкви можно разными замечательными способами, к примеру печь хлеб или вязать одежду для членов общины, но, чтобы приносить плод в совместном служении пастора и его семьи, вам вовсе не обязательно шить и готовить. Возможно, вы отлично играете на фортепиано или поете, а кто-то другой хорошо ведет малую группу. Не нужно держаться за стереотипы. Каждая из нас — уникальная женщина, созданная Творцом, и наши дары для служения мужьям и церкви отличаются.

Духовная борьба

Бывают дни, когда мне кажется, что нужно надеть бронежилет, но в действительности мне нужно всеоружие Божье!

Чуть ранее я уже писала, как одна опытная сестра напомнила мне, что «наша брань не против крови и плоти». Это духовное поле битвы, и чем дольше вы занимаетесь служением, тем более яростным становится сражение. Вы это почувствуете. Противостояние бушует и днем и ночью, не останавливаясь ни на мгновение.

Это не просто слова. Результаты нашего служения будут иметь вечные последствия. Мы обязаны направлять людей к Господу, указывая на Него в каждой сфере земной жизни. Нам придется отражать нападки самого сатаны, и, будьте уверены, ему это не понравится. Хуже всего, если вы живете, делая вид, что этой духовной борьбы нет. Это равносильно жизни в сумерках. Временами духовное сражение становится реальным как никогда, а мы ослабеваем и впадаем в уныние. Усиливаются конфликты между членами церкви, происходят ссоры, разводы, и сатана искушает меня каверзными мыслями: «может, я не предназначена для этого?», «в этой работе нет никакого смысла», «для чего я все это делаю?».

Я борюсь с депрессией. В конце книги я расскажу об этой проблеме чуть подробнее, но сейчас просто скажу, что такое ежедневное душевное противостояние невероятно выматывает и расстраивает. Очевидно, что сатана знает, в чем я уязвима, и направляет свои стрелы прямо в цель. Дьявол постоянно атакует, а потому мне просто необходимо понимать свои слабости и активно искать Бога, обращаться к Его Слову, чтобы выстоять в этой борьбе.

Жене пастора нужно быть начеку. Хорошо, если вы знаете, где уязвимы вы и где слабые места у вашего мужа. Хорошо, если вы умеете пользоваться «духовной» броней в невидимой битве. Ежедневно молитесь о своем супруге, о ваших детях и о себе. Пребывайте в Слове. Питайтесь им. И конечно, держитесь вместе с другими христианами. Мои верные союзники — это супруг и друзья. Именно они напоминают мне, что я сражаюсь не против плоти, а против самого сатаны. Вместе с ними мы молимся обо мне и моей семье.

[Брайан]

Сатана ведет лютое сражение против пастора и его семьи. Пастор принимает на себя яростные атаки, ведь он находится прямо на линии фронта! И вам, и мне это известно. Но, признаюсь, я часто забываю об этом! Причем не просто забываю, а слепо и самоуверенно рассуждаю, что трудности и уныние, с которыми я борюсь, — это что угодно, но не нападки сатаны. Отрицая очевидное, я сам себе создаю две проблемы: во-первых, я не понимаю, что происходит, и не могу отразить нападки дьявола; во-вторых, я не могу защитить от этих нападений свою семью. Бесспорно, лучше подготовиться к защите заранее, ожидая удара и понимая его природу. Помните, что враг «ходит как рыкающий лев, ища кого поглотить». Христиане, а тем более пасторы, не застрахованы от нападок сатаны. Не будем забывать: Тот, Кто внутри нас, больше князя мира сего. Сила Христова с нами, мы имеем к ней доступ и, облекшись «во всеоружие», можем вступать в битву с уверенностью, что победа будет за нами, благодаря Христу.

***

Выходить на поле боя без оружия безрассудно, но именно так поступают многие из нас. Часто вместо активных действий у нас наблюдается вялая реакция! Но победить, все время лишь защищаясь, увы, не удастся! Есть для нас и добрая весть: в этой битве мы не одни! Ведь благодаря крестной смерти Христа и Его воскресению мы уже можем праздновать победу. Сражение, в котором мы принимаем участие, еще не закончилось, но враг уже повержен, а мы уже победили.

Счастье быть женой пастора

В этой главе мы в основном говорили о трудностях, с которыми сталкивается супруга любого пастора. Но закончить на этом было бы неверно, ведь это поприще приносит и много радостей. Каких? Ну, во-первых, сам факт того, что вы замужем за пастором! Эта мысль лежит на поверхности, но разве она не приносит глубокое удовлетворение? Ваш супруг заботится о людских сердцах, а вы имеете привилегию особым образом служить и заботиться об избранном Божьем слуге. Вы создаете уют в доме, где этот Божий человек отдыхает и набирается сил. Вы ободряете его, учитесь многому от его мудрости и ощущаете его заботу. Вашу поддержку можно выразить по-разному, например утешать словами или физической близостью. Как часто мы недооцениваем плотские искушения, с которыми борются лидеры церкви! Сатана знает, что супружеская неверность — лучший способ выбить почву из-под ног самого уверенного пастора. Когда женщина эмоционально и физически, душой и телом принадлежит своему мужу, она защищает его от греха.

Мы служим служителям, и это великая честь. Осознание того, что я могу заботиться о своем муже, наполняет меня радостью. Я горжусь, что могу заботиться о доме, который для моего мужа желаннее и дороже любого другого, самого уютного и гостеприимного. Зная про сумасшедший график моего мужа, многие сочувствуют ему, а я разделяю эти сложности и переживаю их вместе с ним. Проходить вместе тяготы служения — особая радость, хотя это не всегда легко и приятно.

А еще радостно осознавать, что ваша роль спутницы этого мужчины абсолютно уникальна. Никакая другая женщина не может заменить вас.

[Брайан]

Каждый пастор должен осознать одну простую вещь: женщина, которая просыпается рядом с ним каждое утро, послана ему Господом по Его благоволению. Он назначил ее вашей помощницей в жизни и служении. Поощряйте свою жену исполнять это предназначение. Не только ей, но и вам это поможет совершать свое служение в радости.

***

Во-вторых, у нас есть огромная радость совершать, казалось бы, незначительные дела, а они имеют огромное значение для членов церкви. Вот небольшой пример. Недавно я возвращалась со свадьбы и подвезла домой одну пожилую сестру из нашей церкви. Эта женщина смогла приехать на венчание и очень хотела остаться на празднике до конца торжества, но ее было некому подвезти домой вечером. Жених и невеста попросили меня фотографировать их во время бракосочетания. Поскольку я планировала остаться до вечера, то предложила завезти сестру домой на своей машине. Честно говоря, я даже не думала об этом как о некой услуге. Мне было совсем не трудно помочь ей. А на следующий день в церкви эта женщина призналась мне, что она была очень рада пообщаться со мной целый час. Она сказала: «В воскресенье вы всегда заняты с молодежью, поэтому вчера было здорово просто немного поговорить с вами». Ее слова натолкнули меня на мысль, что даже в малом жена пастора может принести церкви огромное благословение. Возможно, открытка с парой теплых слов кажется пустой безделушкой, но, когда ее получают от жены пастора, она приобретает большое значение. Жена служителя может оказывать доброе влияние на людей в церкви, ведь общение ободряет человека и помогает чувствовать себя нужным. Проявить внимание совсем не трудно, а результат может превзойти все ожидания!

Кроме того, у нас есть уникальная возможность учить детей самопожертвованию и заботе о других. Дети видят вашу реакцию, когда папу вновь просят уехать вечером, когда вас критикуют в лицо, когда вам приходится утешать скорбящих и страждущих. Они уже знают, как непросто посещать людей в больнице, и могут ощущать Божью поддержку в таком служении. Сейчас нашим детям шесть, девять, одиннадцать и тринадцать лет, и они очень любят нашу церковь. Им нравятся люди в церкви, им нравится бывать на собраниях, а уезжая, они всегда скучают по церкви. И я очень этому рада! Это благословение! Конечно, мы очень старались воспитывать в них такое отношение (об этом мы еще поговорим немного позже).

И наконец, нам дана честь первыми увидеть плоды Божьего труда. Мы, как никто другой, можем видеть, как Он действует в жизни Своих детей. Он посылает ответы на молитвы и использует нас как Свой инструмент, облекая в Свою мудрость и покой. Иной раз подумаешь: чему радоваться, как не таким прекрасным моментам? Жизнь в служении легкой не назовешь, но нельзя сказать, что это сплошная жертва и тяжкое бремя. Именно в периоды особых переживаний нужно вспоминать радости и благословения.

В заключение я хотела бы сказать пару слов ободрения. Помните, что Господь не случайно поместил вас туда, где вы сейчас находитесь. Он пожелал, чтобы вы совершали свое служение, с вашим супругом, именно в этой церкви. Возможно, вы не уверены, что имеете достаточно знаний и умений, но не забывайте, что такова о вас Божья воля. Примите эту истину. Полюбите ее. Господь использует вас как жену пастора по Своему замыслу и для Своей славы. Доверьтесь Ему.

Вопросы для обсуждения

Муж → жене

1. В каких сферах ты чувствуешь наибольшее разочарование? Почему?

2. Могла бы ты назвать одну сферу служения в нашей церкви, где бы тебе хотелось послужить?

3. Сколько человек молятся о тебе и твоем служении? Кто стоит в одном проломе с тобой?

4. Как ты справляешься с распорядком дня и служениями в церкви? Что нужно изменить в расписании, чтобы ты могла справляться с этими требованиями еще лучше?

5. Что в служении жены пастора приносит тебе особую радость?

ГЛАВА 4

ЗАБОТА О ЖЕНЕ

[Брайан]

Как хорошо я помню то холодное ясное утро, через три дня после Рождества. В присутствии сотни родных и друзей передо мной стояла она — моя красавица невеста. Во время свадебной церемонии прозвучали классические обеты, и мы с Карой повторили обещания быть верными, «быть вместе и поддерживать друг друга в богатстве и бедности, в болезни и здравии», начиная с того самого дня и «пока смерть не разлучит нас». Мы поклялись любить и беречь друг друга до конца наших дней. В тот день перед Богом и собравшимися там людьми мы дали друг другу множество обетов.

Хотя тогда моя жена осознавала значение и глубину каждого произнесенного во время обетов слова, позже, вспоминая тот день, она признала, что большинство стрессов, трудностей и требований, которые возникли в ее супружеской жизни, когда она вышла замуж за пастора, вовсе не были четко обозначены в брачных клятвах. В тот день она еще не осознавала, что выходит замуж за будущего пастора, и уж точно не могла предположить, как в результате брака с ним может измениться ее жизнь. И даже те женщины, которые сознательно выходят замуж за пастора, все равно сталкиваются с трудностями, о которых даже не подозревают.

В предыдущей главе Кара рассказала о трудностях служения, которые нередко ложатся на сердце и разум супруги служителя. Такие испытания могут привести к унынию, утрате индивидуальности, обиде на церковь и парализующему страху перед мнением других людей — и это далеко не все! Но вместе с тем у пастора и его жены есть общее решение этих проблем — сила Евангелия Иисуса Христа.

Урок от Петра

Петр учит пасторов подавать пример стаду (1 Пет. 5:3). Таким образом, призыв к мужьям-христианам обращаться «благоразумно с женами» (1 Пет. 3:7) также относится к пастору, стремящемуся служить жене Евангелием и заботиться о ее душе. Рассмотрим смысл этих слов Петра в более широком контексте:

> *Также и вы, жены, повинуйтесь своим мужьям, чтобы те из них, которые не покоряются слову, образом жизни жен своих без слова приобретаемы были, когда увидят вашу чистую, богобоязненную жизнь. Да будет украшением вашим не внешнее плетение волос, не золотые уборы или нарядность в одежде, но сокровенный сердца человек в нетленной красоте кроткого и молчаливого духа, что драгоценно пред Богом. Так некогда и святые жены, уповавшие на Бога, украшали себя, повинуясь своим мужьям. Так Сарра повиновалась Аврааму, называя его*

господином. Вы — дети ее, если делаете добро и не смущаетесь ни от какого страха.

Также и вы, мужья, обращайтесь благоразумно с женами, как с немощнейшим сосудом, оказывая им честь, как сонаследницам благодатной жизни, дабы не было вам препятствия в молитвах.

1 Петра 3:1–7

В первых шести стихах Петр дает наставления женам-христианкам, а затем обращается к мужьям-христианам. В этом тексте он четко указывает на три причины, почему пастор должен служить Евангелием своей жене и обращаться с ней благоразумно.

1. Она женщина с благочестивым характером. Прежде всего, пастор должен обращаться с женой благоразумно и с заботой, потому что у нее благочестивый нрав и поведение (1 Пет. 3:1–2). Петр хочет, чтобы мужья (тем более пасторы) понимали, что даже в непростые времена служения, когда у жены возникают трудности, она все равно остается благочестивым человеком, достойным признательности мужа. Обращайте внимание на ее добродетели. Благочестивая жена, которая ищет Бога во время трудностей, — это прекрасно. Моя жена часто страдает от депрессии, и недавно она прошла через особенно тяжелый период. В то время Господь был милостив к нам, но ей не всегда удавалось сохранить самообладание. И для меня совершенно по-новому прозвучало наставление Петра обращаться с ней «благоразумно». Бог помог мне увидеть, что, несмотря на все трудности, она продолжала заботиться обо мне и любить меня. Я видел ее заботу обо мне и о моем служении. Видел, как она старалась служить нашей семье. Видел в ее сердце и в ее жизни красоту «кроткого и молчаливого духа, что драгоценно перед Богом» (стих 4). Даже когда ей было особенно трудно, я находил множество поводов для восхищения ее благочестивым характером. На самом деле некоторые из них я смог открыть лишь благодаря тем трудностям, которые она переживала.

2. Она немощнейший сосуд. Во-вторых, пастор должен обращаться с женой благоразумно, потому что, по словам Петра, она «немощнейший сосуд», то есть более слабый партнер. Петр пишет, что любая жена в определенном смысле слабее, ведь она женщина (1 Пет. 3:7). При этом апостол вовсе не говорит, что женщины в чем-то ущербны перед мужчинами. Он просто признает, что Бог создал мужчин и женщин по-разному, и одно из таких различий в том, что в целом мужчины физически сильнее женщин. Поэтому женщинам нужна защита, забота и соответствующее отношение. Одна из основных задач мужа — защищать свою жену от физической опасности. Муж должен относиться к своей жене как к более слабому партнеру и обеспечивать ей физическую, эмоциональную и духовную помощь и защиту. Это можно сделать, открыв перед ней дверь или помогая поднести тяжелые вещи, а также помогая ей в случае опасности или угрозы. (**Кара:** *А мы, женщины, должны позволять своим мужьям проявлять такую заботу. Если мы чувствуем, что способны сами что-то сделать, и всегда делаем все самостоятельно, то не помогаем и не вдохновляем наших мужей на исполнение этой заповеди. Мы должны поощрять их старания заботиться о нас, будь то в великом или в малом.*)

Как мы уже ранее упоминали, зачастую мы испытываем давление и требования служения, которые сами на себя навлекли. Когда супруга пастора ощущает на себе давление, когда от нее ожидается, что к ней можно обратиться по любым вопросам, муж может воспользоваться одним из наиболее эффективных способов защиты — научить ее говорить «нет», тем самым предоставив ей возможность быть самой собой и не поддаваться ожиданиям других. Я знаю, что, когда поощряю жену отвечать на некоторые просьбы церкви отказом, она ощущает облегчение. Мужьям нужно учитывать, что их женам по силам, а что нет. Пастор должен проговаривать эти вопросы вместе с женой и быть ее защитником. Он должен стоять на страже ее времени, эмоций и энергии.

3. Она сестра во Христе. Наконец, Петр напоминает нам, что жена — это не только спутница жизни и мать наших детей, но еще и сестра во Христе. В таком случае относитесь к ней как к сестре. Возможно, Петр сталкивался с мужьями, которые либо проявляли физическое насилие над своими женами, либо относились к другим женщинам в церкви с большим уважением, нежели к собственным женам. Пастор ни в коем случае не должен относиться к сестрам в церкви лучше, чем к собственной жене, ведь это женщина, с которой он разделил всю свою жизнь. Ваша жена — христианка, сонаследница «благодатной жизни» (1 Пет. 3:7), и она спасена Христом так же, как и вы. В глазах Бога она занимает такое же положение, что и вы, и заслуживает такого же благодатного отношения, какое Бог проявил к вам.

Как применить это на практике

Во время испытаний в служении пастор как минимум четырьмя способами может обращаться со своей женой «благоразумно» и уделять ей должное внимание: служить ей, поддерживать, наставлять ее и молиться за нее. Некоторые из этих способов вполне обычны для пасторского служения. Так пастор призван служить любому члену своей общины. Но жена пастора особо нуждается в таком обращении именно от своего мужа, потому что она его жена.

Служить жене

Великий богослов и профессор Принстонского университета Бенджамин Уорфилд вошел в историю как один из самых строгих, смелых и верных Библии американских теологов конца XIX века. Один его пристальный взгляд с большинства сохранившихся фотографий мог бы распугать всех либеральных богословов. И действительно, его внешний вид мог быть устрашающим. Но, возможно, вы удивитесь, узнав о том, что жизнь Уорфилда была ярчайшим примером героического, жертвенного служения своей больной жене. Дэвид Кэлхун в своей книге об истории Принстонской семинарии ярко описывает верную любовь Уорфилда к своей жене:

> *На протяжении долгих лет их супружеской жизни доктор Уорфилд преданно ухаживал за своей немощной женой. Он оберегал, защищал и поддерживал ее, но при всем при этом продолжал преподавать и работать над сложнейшими сочинениями. Студенты семинарии нередко обращали внимание на то, с какой нежностью и любовью он ухаживал за миссис Уорфилд, когда они прогуливались вместе по улицам Принстона или уже некоторое время спустя отдыхали на крыльце своего дома в университетском городке. В конце концов болезнь приковала*

ее к постели, и она мало кого видела, кроме мужа. Доктор Уорфилд сам решил практически не выходить из дома, чтобы не отлучаться от жены более чем на час-два. Он ежедневно находил время, чтобы ей почитать. Вплоть до ее смерти он лишь однажды за десять лет выехал из Принстона, чтобы вместе с ней провести отпуск, который, как он надеялся, мог бы ей помочь. Доктора Уорфилда, человека с прекрасным здоровьем и разносторонними интересами, скорее всего, это сильно ограничивало, но он никогда не позволял себе жаловаться на это[19].

Несмотря на то, что в течение долгих лет Уорфилд неустанно заботился о своей жене, за свою жизнь, по словам Дж. Грешема Мейчена, он «успел сделать столько, сколько обычно делают десять человек»[20]. Нам, несомненно, есть чему поучиться у Уорфилда в вопросах богословия, но, кроме того, он относится к тем редким историческим личностям, чья жизнь и пример развенчивает все наши отговорки и ссылки на занятость, когда мы просто пренебрегаем семьей. Его верность в служении дает нам пример постоянного и долговечного служения жене.

Служение пастора своей супруге практически не отличается от служения своей жене любого другого мужа-христианина: помочь уложить детей спать, убрать на кухне после ужина, сбегать в магазин за молоком и дать ей возможность побыть одной. В каждой семье есть свои особенности служения, но самый простой способ узнать, как можно послужить жене, —

---

19   David B. Calhoun, *Princeton Seminary: The Majestic Testimony 1869–1929* (Carlisle, Pa.: Banner of Truth, 1996), 2:315–16.
20   Ibid, 316.

просто спросить у нее. Невероятно, правда? Найдите время, чтобы поговорить с ней и спросить: «Чем я могу помочь, чтобы послужить тебе наилучшим образом?»

Поскольку ситуации в служении и браке постоянно меняются, этот вопрос будет наиболее эффективным и полезным, если задавать его регулярно. Тогда муж сможет понять, что в какой-то период совместной жизни послужить жене можно, помогая ей отказывать тем, кто требует от нее много времени, потому что она слишком занята и у нее совершенно не остается времени на себя. В другое время жизни ей может понадобиться поддержка, чтобы заняться каким-то служением или хобби. Ваше пасторское служение собственной жене происходит каждый день и каждую неделю и может проявляться по-разному. Например, в какое-то воскресенье мы можем послужить жене, отказавшись пригласить к себе домой три семейные пары, поскольку наши выходные и так перенасыщены мероприятиями. Здесь главное — проявить мудрость и внимательность, и превыше всего — не прекращать общаться друг с другом.

Ободрять жену

К сожалению, большинство знакомых мне мужчин не умеют ободрять своих жен, и пасторы здесь не исключение. Даже те, кто от рождения наделен даром ободрять других, зачастую не применяют эту способность в своем браке. Дело в том, что мы часто воспринимаем тех, кого обязаны любить и ценить больше всего — собственных жен, — как само собой разумеющееся. В этом смысле показателен пример пастора и проповедника Чарльза Сперджена. Не секрет, что служение занимало у него много времени, и все же он не забывал поддерживать и ободрять свою жену. Об этом можно прочитать в воспоминаниях его супруги:

> *Мой дорогой муж, будучи постоянно занятым делами Господа, тем не менее умудрялся выкраивать драгоценные минуты, чтобы побыть наедине со мной и рассказать, как движется дело Божье, доверенное его заботам. Мы обменивались своими мыслями, он утешал меня в моих трудностях, а я подбадривала его в его делах.*
>
> *Когда ему приходилось уезжать, он постоянно задавал вопрос: «Дорогая, что тебе привезти?» Я редко у него что-то просила, потому что мне всего хватало, кроме **здоровья**. Но однажды, услышав этот традиционный вопрос, я в шутку ответила: «**Я бы хотела кольцо с опалом и снегиря!**» Он удивился и рассмеялся, а потом, подумав, ответил: «Ну ты же знаешь, я не могу их для тебя найти!» Два или три дня мы посмеивались по поводу моего странного списка желаний, но однажды вечером в четверг, вернувшись из церкви, он вошел в мою комнату с таким сияющим лицом и влюбленными глазами, что я поняла: он хочет поделиться какой-то особенной радостью. У него в руках была маленькая коробочка. Я даже не сомневаюсь, что его радость была выше моей, когда он достал оттуда маленькое красивое кольцо и надел его мне на палец. «Вот твое кольцо с опалом, любимая», — сказал он и рассказал о том, каким удивительным образом оно к нам попало[21].*

Для того чтобы порадовать жену, вовсе не обязательно каждый день приносить ей домой кольцо с опалом, но если вы

---

[21] C. H. Spurgeon, Susannah Spurgeon, and W. J. Harrald, *C. H. Spurgeon's Autobiography*, vol. 3 (Pasadena, Tex.: Pilgrim, 1992), 183–84.

внимательно прислушаетесь к ее желаниям и приложите максимум усилий, чтобы позаботиться о ней, то сможете порадовать ее и дадите ей понять, что ее ценят и любят. Сперджен показал нам пример, как это можно сделать. Он напомнил: наши жены радуются, когда мы делаем и говорим то, что дает им чувство уважения и любви. Для жены пастора это особенно актуально, ведь она часто видит, как много усилий вы прилагаете, жертвуя собой ради членов церкви. Сделайте сюрприз и пригласите ее на свидание. Покажите ей, насколько она важна для вас, уделите ей столько же своего времени и энергии, сколько вы отдали бы на решение сложной проблемы, на душепопечение или разрешение непростого кризиса. Однажды я спросил у одного пастора, который более пятидесяти лет трудился в большой церкви, что он делает, чтобы порадовать свою жену. Он ответил: «Каждый год на Рождество я делаю своей жене особый подарок: календарь на следующий год, в котором уже запланированы два свидания в месяц». Я взял у него этот пример и понял, что запланированные свидания очень радуют и мою жену. Планируя свидание, подумайте о местах и занятиях, которые нравятся прежде всего ей, а не только вам. Сходите в ресторан, который нравится ей. Сделайте для нее то, что она любит. На протяжении всего вечера не уставайте говорить, как вы благодарны ей за все, что она делает, за заботу лично о вас, обо всей вашей семье и о вашем служении. Оставляйте ей записки, а рядом с запиской не помешает и букет цветов. Оказывайте ей знаки внимания, когда она меньше всего ожидает их получить. В записках отмечайте то, что, по вашему мнению, она делает особенно хорошо. Напишите о ее достоинствах и, последовав примеру Соломона, который наставлял своего сына (Притч. 5), и Сперджена, который служил своей жене, выразите свое восхищение ею. (**Кара:** *Сестры, научитесь принимать эти знаки внимания и поддержки. Не торопитесь сразу их отвергать, считая фальшивыми или неискренними. Научитесь с благодарностью принимать все старания вашего мужа проявить заботу и ободрить вас.*)

Если сейчас ваш брак переживает не лучшие времена и вы не можете вспомнить ничего, что могло бы вам понравиться в вашей жене, вспомните былые годы. Уверен, что в вашей жизни бывало так, что вы обожали свою жену и восхищались ею, когда перед семьей и друзьями вы поклялись прожить с ней всю жизнь. Возможно, она была не готова подписаться под всем в отношении служения, но вам она сказала «да» и произнесла обет верности. Мы, пасторы, можем ободрить своих жен, обращаясь с ними благоразумно, в соответствии с Божьей волей о браке, изучая и познавая их настолько хорошо, чтобы поддержать их в тех сферах, в которых они чувствуют себя наиболее уязвимыми. Стремясь быть верными пастырями, мы уделяем им должное внимание, наблюдая и делясь свидетельствами Божьей благодати, которые видим в них.

Наставлять жену

Пастор призван быть наставником и воспитывать паству. И на этом пастырском поприще мы несем ответственность за руководство церковью, что включает в себя обучение, наставление, ободрение, назидание и обличение членов и прихожан церкви. Мы трудимся ради того, чтобы они возрастали в благочестии, благодати и понимании истин Слова Божьего. Одновременно с этим пасторы призваны быть главными наставниками своих жен. Чем более ответственно мы относимся к своей роли наставника в семье, тем большую верность мы проявляем в любви к жене. Конечно же, игнорировать важность заботы о членах церкви ни в коем случае нельзя, но в равной степени пастор должен заботиться и о духовном попечении и воспитании своей жены и детей. Эта ответственность мужа и отца берет свое начало в призыве к служению, которое муж должен нести в доме.

Поскольку вы и муж, и пастор своей жены, вам следует быть по отношению к ней терпеливым и милосердным, особенно когда она проявляет себя как грешница. С любовью помогайте ей преодолевать трудности. Неоправданные надежды, возлагаемые церковью на пасторских жен, зачастую усугубляются и нашими надеждами, которые и *мы* неосознанно возлагаем на них. Мы расстраиваемся, когда у них не все получается. Мы забываем, что они грешницы и нуждаются в том, чтобы им напоминали Евангелие, ведь они склонны забывать истину. Соответственно, они каждый день ждут от нас поддержки и утешения, чтобы мы наставляли их из Писания. Пастор, научившийся воспринимать свою жену такой, какой ее видит Бог — грешницей, спасенной одной Божьей благодатью, — сможет обращаться с ней более благоразумно.

Способы, с помощью которых пастор может наставлять свою жену, могут быть различными, особенно если она духовно более зрелая, чем ее муж. В этой связи я попросил нескольких пасторов, проявивших верность на пастырском поприще, как молодых, так и более опытных, рассказать о том, с помощью каких практических инструментов они наставляют своих жен. На основании полученных ответов я составил список рекомендаций для наставничества:

- постоянно проводить время в совместном чтении Библии и молитве;
- еженедельно выделять для нее время, чтобы она могла выйти из дома и позаботиться о своей душе;
- проводить совместное семейное поклонение;
- спрашивать у нее, что ее особенно ободрило и воодушевило в воскресном богослужении;
- планировать свидания, на которых разговор сосредоточен на ней;
- регулярно спрашивать, что в жизни ее наиболее обнадеживает и разочаровывает;
- покупать книги, которые могли бы ей быть полезны для чтения;
- просить ее рассказывать о каком-либо обучающем семинаре, который она недавно просмотрела или прослушала, и вместе обсудить его;
- взять ее с собой на конференцию;
- отправлять ей ссылки на блоги и статьи, которые бы могли ободрить ее.

Помните, что и *сами вы* будете возрастать во Христе, когда будете прилагать эти целенаправленные усилия для духовной заботы о своей супруге. Чудесное благословение брака заключается в том, что, если ваша жена растет духовно, это будет способствовать и вашему духовному росту.

Молиться за жену

Многим мужьям тяжело молиться за своих жен *вместе с ними*. Однако вы удивитесь, узнав, что и *пасторы* здесь не исключение, и им так же трудно молиться *вместе с* женой.

Вы никогда не задумывались, почему так происходит? Полагаю, что в большинстве случаев это просто не так легко дается мужчинам. Но именно такое простое действие — молитва за жену в ее присутствии — может как нельзя лучше помочь ей почувствовать, что вы ее любите. Начните молиться за свою жену в одиночестве, а потом сразу позвоните ей, отправьте текстовое сообщение или электронное письмо и расскажите о своей молитве. Совершая труд духовного попечения о ней, говорите в своей молитве с Богом о том, что вы узнали о ней за последнее время, и о ее конкретных нуждах.

Узнать, о чем молиться вместе с женой, просто. Для этого будет достаточно сесть рядом с ней вдвоем, посмотреть ей в глаза и спросить, о чем можно помолиться за нее. А затем помолиться об этом вместе с ней. Элементарно! Пасторы, если вы не молитесь вместе с женой, покайтесь в этом грехе. Признайтесь в лицемерии, ведь как это назвать по-другому, когда вы горячо молитесь с другими членами вашей церкви, а со своей женой этого не делаете? Если раньше вы не проявляли должной любви, водительства, защиты и заботы о супруге, она, скорее всего, отнесется к вашим стараниям положительно. Если она благочестивая женщина, то, вполне вероятно, она молилась за вас и просила Бога проделать в вас эту работу! Ваше изменившееся поведение может стать ответом на ее молитвы.

У меня есть множество причин восхищаться моей женой. Одна из них — тот факт, что она молилась за меня в самом начале нашей семейной жизни. В то время я уже был служителем в церкви, но еще не был лидером для своей жены и не делал многого из того, о чем сказано в этой книге.

Ни мой образ жизни, ни наша совместная жизнь в браке не свидетельствовали о том, что я понимал Божью волю для моих супружеских обязанностей. И здесь нужно отдать ей должное: она никогда не жаловалась и не пилила меня по этому поводу. Вместо этого она просто молилась за меня. Прошло около двух лет, и произошел переломный момент. Оставаясь новичком в служении и в браке, я понял, что плохо знаю Слово Божье. Тогда по моей просьбе жена начала учить меня, как изучать Библию.

Практически за один вечер Господь произвел во мне чудесное пробуждение, и я ежедневно начал читать Божье Слово по нескольку часов. Спустя много лет я узнал, что моя жена постоянно молилась о том, чтобы Бог однажды дал мне большую любовь к Его Слову. Я искренне верю, что до сих пор несу пастырское служение, потому что Бог совершил во мне эту работу в ответ на искренние молитвы моей жены. Она добилась этого без упреков, претензий или угроз, но «в нетленной красоте кроткого и молчаливого духа, что драгоценно пред Богом». Господь ответил на молитвы богобоязненной жены.

Я, пастор и муж, могу с уверенностью сказать, что у моей жены и у всех ваших жен есть одна общая черта: они грешницы, спасенные Божьей благодатью, переживающие жизненные трудности и часто перегруженные обязательствами вашего служения. Ваша жена нуждается в вашей терпеливой, милостивой и непрестанной заботе и заслуживает ее. Быть женой пастора — большая ответственность, о чем большинство женщин в день свадьбы даже не задумываются. Мы можем помочь обратить эту ношу в счастье, превратив обязанности служения в возможность служить другим, превратив давление и напряжение, с которыми сталкивается жена пастора, в святое влияние в ее жизни. Все начинается с молитвы, с того, что мы приносим Господу свои проблемы, нужды, трудности и радости наших жен и через все это учимся с заботой любить, беречь и уважать их.

Вопросы для обсуждения

Муж → жене

1. Как лучше всего я могу послужить тебе?
2. Что из того, что я делаю или могу сделать, радует тебя больше всего?
3. Как мне более эффективно наставлять тебя и молиться о тебе более искренне и преданно?
4. Что мешает тебе принять мою заботу? Есть ли между нами какие-то барьеры или препятствия, которые нужно устранить?
5. Как бы ты могла мне помочь лучше заботиться о тебе?

РАЗМЫШЛЕНИЕ

Как сохранить прочный брак

Кэти Джонсон

В 1983 году я вышла замуж за Боба. В начале нашей семейной жизни Боб работал в церкви, а через шесть лет его рукоположили на пастырское служение. В то время ему было двадцать девять лет. Тогда он только начинал работу над диссертацией на степень магистра богословия, а я была беременна вторым ребенком.

Все это время Господь являл нашей семье Свою благодать, охрану и защиту. Он был благ к нам. Мы прилагали все усилия, чтобы сочетать заботы о церкви с заботами о нашем собственном браке и растущей семье. Мне самой пришлось приобрести навыки избавления от эгоистичных амбиций, чтобы не мешать Богу делать то, что Он хотел сделать в моей жизни. Я только начала понимать, что целью моей жизни на самом деле была не я сама и мой личный комфорт. Смысл моей жизни и мое призвание от Бога состояли в том, чтобы поддерживать мужа в его призвании к служению, любить его и быть ему помощницей. Мой эгоизм постоянно вступал (и продолжает вступать) в противоречие с самоотверженностью, необходимой жене пастора.

Спустя более четверти века супружеской жизни и совместного служения Господь научил нас, как важно ежедневно полагаться на Его Дух. Я поняла, что могу преданно и покорно любить Господа, одновременно любя своего мужа и церковь, пастором и руководителем которой он призван служить. И я нашла несколько способов укрепить наш брак со своей стороны, со стороны жены пастора:

1. Я поняла, что чем больше безопасности и спокойствия в нашем браке, тем больше безопасности и спокойствия будет в нашей церкви. *Стремитесь любить друг друга и радоваться друг другу.* Эта любовь и радость будут большим подарком для всей вашей церкви.

2. Мы с Бобом пришли к выводу, что нам нужно *определить совместные цели* в служении. Это помогает мне избежать ощущения, что я все время борюсь и конкурирую с церковью за его внимание. Ставя общие цели в служении, мы взаимодействуем друг с другом и вместе служим другим.

3. Мне было очень полезно напоминать себе, что *Бог дал меня в дар мужу.* То, что вы способны дать своему супругу, ему крайне необходимо. Именно через ваши слова, заботу и служение будет действовать Бог, чтобы благословить и поддержать вашего мужа в его призвании. Поддерживайте его уверенность и учитесь внимательно его слушать. Не бойтесь говорить с ним откровенно, но старайтесь избегать резких суждений и критики. Исправить его — не ваша задача.

4. *Будьте мудры и рассудительны во взаимоотношениях с другими женщинами* в церкви и среди ваших знакомых. С осторожностью выбирайте, чем вы можете поделиться

«между нами, девочками» или в кругу друзей. Молитесь о мудрости и рассудительности, когда говорите о своем муже и о других членах церкви, ведь сатана легко может завоевать место в вашем сердце и отравить его грехом сплетен.

5. *Стремитесь к открытости в общении* с мужем. Общение — животворный источник силы для ваших отношений. Если вы почувствуете некую отстраненность вашего мужа, ни в коем случае не игнорируйте ее. Павел говорит, что проблемы и конфликты следует решать немедленно, как только они возникают, чтобы не дать места дьяволу (Еф. 4:26–27). Если муж сделал вам больно, молитесь о том, чтобы Господь даровал вам благодать понять его сторону в конфликте. Молитесь о смирении, чтобы выразить ему свое мнение, не обвиняя его при этом в намерениях, которых у него, возможно, и нет.

6. *Выделите время, чтобы раз в неделю рассказывать друг другу о своих планах.* Это поможет каждому из вас ценить то, к чему вы призваны в вашей совместной жизни. Подобный обмен планами также гарантирует определенную подотчетность и поможет вам избежать неприятных сюрпризов.

7. *Создайте в доме и брачных отношениях атмосферу радости* для вашего мужа. Стремитесь к тому, чтобы ваш муж был вами очарован, оставайтесь для него настолько привлекательной, чтобы у него не было повода искать утешения за пределами ваших брачных отношений. Превратите свой дом в место, где ему будет приятно отдохнуть, где он будет чувствовать себя принятым и признанным. Созидайте чувство единения друг с другом, создавая традиции и разделяя любимые занятия. Планируйте время, когда вы можете вместе отдохнуть, повеселиться и посмеяться. Вместе учитесь, делитесь мыслями из книг и статей, которые вы читаете, и тем,

что Бог открывает вам из Писания. Задавайте друг другу интересные вопросы. Вместе мечтайте. Ставьте цели на будущее. Совместное общение вселяет в ваш брак надежду и радость.

От общего служения Господу в церкви приходит особая и необыкновенная радость. Берегите ее. Его Церковь того стоит.

Кэти Джонсон — жена пастора, которая помогает в служении своему мужу Бобу уже более тридцати лет.

ЧАСТЬ 3

ДЕТИ ПАСТОРА

«Папа, ты опять уходишь?»

ГЛАВА 5
ЛИЧНОЕ ПАСТЫРСТВО

[Брайан]

Сама идея о том, чтобы «быть пастырем своих детей», для многих христиан, в том числе и пасторов, совершенно чужда. Для меня самого она была в новинку, когда я услышал о ней впервые. На протяжении многих лет я старался заботиться об интересах отдельных членов церкви, совершенно не обращая внимания на необходимость пасти собственных детей. Ситуация изменилась, когда меня на это натолкнул человек, от которого я мог меньше всего такого ожидать. Это был не коллега-пастор, не спикер на конференции, не «эксперт». Это был дьякон нашей церкви, фармацевт, у которого есть жена и семеро детей. Пример верности этого человека совершенно изменил мое представление о том, что значит, когда муж и отец одновременно является пастырем своей семьи.

Каждый пастор должен серьезно отнестись к обязанности индивидуально воспитывать каждого из своих детей. Воспитание и наставление детей стоит в одном ряду с другими жизненными задачами. Если не заботиться о детях, в их сердцах может зародиться чувство обиды и горечи. И тогда они могут начать обижаться на церковь и даже частично переносить эту обиду на Бога. Перед пасторами стоит много задач, но высшим приоритетом для них должен быть духовный рост и воспитание собственных детей. Пастор всегда должен быть послушен заповедям, данным во Второзаконии 6:4–9 и Ефесянам 6:4. Иногда бывает не совсем ясно, как это должно выглядеть. Эта глава должна помочь вам практиковать и культивировать модели воспитания и пастырской заботы о детях в вашем личном еженедельном расписании, чтобы время, потраченное на нее, не прошло впустую.

Быть пастырем своих детей

Наверное, вы, как и большинство пасторов, согласны с тем, как важно быть пастырем душ детей. Однако вопрос не в том, признаете вы это или нет, а в том, есть ли у вас план. Многие пасторы считают, что наставлять своих детей очень важно, но при этом не имеют четко продуманного плана действий. Возможно, в своей церкви они уже выстроили эффективные и продуманные стратегии ученичества, но создать план действий в собственном доме у них почему-то не получилось. Я бы хотел предложить пять простых способов, которые могут помочь пастору в духовном попечении о своих детях.

1. Индивидуальное пастырство. Существует много замечательных материалов по формированию привычки проводить семейное поклонение дома, и многие христианские семьи переживают пробуждение в этой сфере (подробнее об этом в следующей главе). Но самая важная задача, которая

в христианской семье стоит перед отцом, — это не столько проведение семейного поклонения, сколько общение один на один с каждым из детей. Это чтение Божьего Слова, беседы по душам и совместная молитва. Я уверен, что это формирует основу для духовного воспитания каждого ребенка. Дьякон, о котором я упоминал ранее и который был примером в воспитании своих семерых детей, проявлял невиданную целеустремленность в этом отношении. Так как у него было семь детей, а в неделе семь дней, он составил расписание, согласно которому проводил с каждым ребенком один день в неделю. Каждое утро он проводил особое время в чтении и молитве с тем из детей, кому был посвящен этот день. Поскольку у нас с Карой было (и остается) почти вполовину меньше детей, я никак не мог оправдаться фразой, что у меня не хватает для этого времени. Его пример не только вдохновил меня, но и полностью обезоружил, лишив любых отговорок.

Я стал проводить время с каждым из наших детей с понедельника по четверг. Я специально спланировал общение с каждым ребенком. В эти дни тот ребенок, с которым мы проводили время, ложился на полчаса позже обычного, мы вместе читали Писание, молились, выбирали какую-нибудь интересную книгу и вдвоем ее читали. Нередко наши посиделки заканчивались состязанием по борьбе. Поначалу я думал, что спустя несколько недель интерес у моих детей к таким вечерам угаснет, но я ошибался. На самом же деле дети — мои главные контролеры по вопросам проведения времени вместе, и они сами знают, когда наступает их вечер. Время, которое мы проводим вместе с ними каждую неделю, стало для меня благословением и сделало мое отцовство более насыщенным, но этого никогда бы не случилось, если бы я изначально целенаправленно не сделал в этом направлении первый шаг и не расставил приоритеты. (**Кара:** *Жены, знаете ли вы, что это значит для вас? Вы должны быть готовы пожертвовать своим временем с мужем ради того, чтобы он провел его с детьми. Я была готова отказаться от этого времени без ревности; для меня это жертва ради благополучия моих детей и их роста во Христе.*)

Главное, чтобы, общаясь с вашим ребенком, вы каким-то образом наставляли его и взаимодействовали с ним один на один. Со временем вы начнете глубже понимать его жизнь и душу. Вы узнаете о нем то, о чем раньше никогда не догадывались. Так же, как в свое время такой вызов бросил мне мой друг, сегодня подобный вызов я бы хотел бросить вам. Попробуйте так проводить время с детьми. Если до сих пор вы пока еще не выработали привычку регулярно общаться отдельно с каждым из своих детей, начните на этой неделе! В вашем ежедневнике явно запланированы встречи для наставления членов церкви. Запланируйте и встречи с собственными детьми, где вы сможете проявить к ним такую же любовь и заботу.

2. Библейское пастырство. Наставляйте и дисциплинируйте своих детей на основании Слова Божьего. Возможно, вам это покажется слишком очевидным, но мне не раз приходилось сталкиваться с пасторами, которые были готовы обучать не столько самому Божьему Слову, сколько различным принципам, взятым из катехизисов или из Библии. Можно несколько раз повторить какой-либо учебный курс, так и не упомянув, что Бог действительно говорит о поведении, о котором идет речь. Я ничуть не подвергаю сомнению важность библейских принципов, но хотел бы подчеркнуть, что детям необходимо знать и заучивать сами библейские стихи.

В этом смысле у пастора есть уникальная возможность. Он может каждую неделю готовить своих детей к воскресному богослужению с помощью библейского текста, на который он будет проповедовать в воскресенье. Проводя на неделе время с каждым из своих детей, я читаю вместе с ними библейский отрывок, на который буду говорить проповедь на служении. Это позволяет мне наставлять их души Словом Божьим, а также готовит их к пониманию того, что они услышат в предстоящее воскресенье. Изучая вместе с ними этот отрывок, я могу увидеть и разобрать трудные для их понимания места, а также подготовить их к тому, чтобы они научились лучше понимать и принимать Слово Божье, когда его проповедуют на нашем общем собрании. Неважно, какой отрывок вы выберете, главное, чтобы в своих наставлениях вы использовали Библию. Мы хотим, чтобы наши дети понимали, что наше назидание исходит от Самого Бога.

3. Богословское пастырство. Взрослые печально известны тем, что недооценивают способность детей понимать глубокие богословские истины о Боге и Евангелии, и в этом отношении пасторы разделяют общую ответственность не меньше других. Даже в раннем возрасте дети способны и должны постигать богословские истины. Безусловно, их нужно обучать на уровне, соответствующем их способностям к пониманию. Но не думайте, что дети не могут понять и запомнить богословскую истину. Один из членов нашей церкви недавно рассказал мне, что подслушал, как его восьмилетний ребенок учил своего четырехлетнего брата о Троице, и его объяснение было ясным, понятным и соответствовало возрасту.

Вряд ли кто-то из нас стал бы возражать против важности обучения детей Евангелию, в первую очередь тому, что Иисус умер за наши грехи. Но хватило ли у вас духу научить детей таким понятиям, как «вмененная праведность» (праведность Христа, дарованная нам в результате того, что Он понес вместо нас грехи на кресте)? Я лично видел, как четырехлетние и пятилетние дети прекрасно понимали эту великую, важнейшую богословскую истину Евангелия. Соответственно, если дети способны понять эту истину, мы должны наставить их в ней. Они также прекрасно понимают суть общих тем истории искупления. Вспомните, чему вы обычно учите взрослых, и не бойтесь объяснять эти же истины своим детям. Говорите просто и понятно, но не размывайте сложные темы и не опускайте их. Обучение детей Божьим истинам может помочь вам лучше подготовиться к наставлению взрослых, поскольку позволит сфокусироваться на главной мысли, которую вы хотите донести.

4. Молитвенное пастырство. Отчасти наше личное наставничество детей связано с тем, как мы обращаемся к Богу в молитве. Мы должны молиться *за* наших детей. Мы должны молиться вместе с детьми. Мы должны молиться о мудрости в наставлении. Мы должны молиться *вместе с* детьми после того, как наказываем их. Мы должны молиться за детей всей семьей. Мы должны молиться вместе с детьми за других людей. У пасторов есть уникальная возможность знать нужды членов церкви, поэтому они вместе с собственными детьми могут и должны молиться о церкви. Проявляя подобное постоянство в молитве, мы также наставляем детей в том, как выглядит молитвенная жизнь; что значит, словами Павла, «непрестанно молиться» (1 Фес. 5:17). Молитвенно наставляя своих детей, объясняйте им, что они могут обратиться с молитвой к Богу, рассказывайте им о том, какой восхитительный труд совершил наш Первосвященник и Посредник Иисус Христос. Наставляйте их в том, как Иисус, находясь по правую руку Бога Отца, ходатайствует о нас всякий раз во время нашей молитвы (Евр. 4:14–16; 9:24). Бог слышит наши молитвы благодаря подвигу Иисуса Христа ради нас.

[Кара]

Есть весьма эффективный способ вдохновить людей на ежедневную молитву — молитвенный календарь. Брайан завел специальный церковный журнал в помощь членам церкви. С его помощью все члены нашей церкви могут помолиться друг за друга в течение одного месяца. Потом одна из сестер в нашей церкви предложила идею создать перекидной молитвенный календарь. Каждый новый день мы переворачиваем страницу и молимся за тех, кто упомянут на ней. Этот календарь можно повесить на кухне, чтобы молиться об этих людях перед едой. Так мы смогли выработать привычку каждый день молиться за членов нашей церкви и помнить об их нуждах.

5. Жертвенное пастырство. У пасторов много работы, и к ним предъявляют множество требований. Мы с женой написали эту книгу, потому что понимаем, с какими трудностями сталкивается любой служитель. Мы знаем, как трудно уравновесить нужды служения и семьи. Здесь нет легких путей к успеху. Еженедельное индивидуальное наставление детей невозможно без жертв. Вам придется пожертвовать утренним сном или вечерним отдыхом. Возможно, вам нужно будет пропустить любимую телепередачу или спортивное соревнование; может быть, вам придется пожертвовать временем на чтение книги, которую вы так жаждали почитать. Будьте готовы лишиться некоторых из своих нынешних «благ». И все же жертва в этот короткий отрезок жизни, пока ваши дети живут вместе с вами, стоит потраченного времени. Кроме того, воспитание детей является одной из важнейших задач вашего пасторского служения (1 Тим. 3:4–5) и даже может стать инструментом, с помощью которого Господь поможет вашей семье возрастать в любви к Богу и Его церкви, а не испытывать горечь разочарования.

Воспитание благодарности

Многие пасторы и рядовые члены церкви полагают, что пасторские дети будут автоматически любить Евангелие, служение и церковь. Это весьма наивное предположение. Дети не полюбят служение сами по себе, и нет гарантии, что они будут любить и ценить поместную церковь, в которой служит их отец. Мы, пасторы, должны прилагать усилия, чтобы научить детей Евангелию и постараться привить им уважение к поместной церкви и нашему предназначению служить ей. Делать это нужно в молитве, полагаясь на действие в их сердцах Святого Духа.

Я обнаружил пять принципов, соблюдение которых поможет познакомить детей с пастырским служением. Благодаря этим принципам каждый ребенок сможет понять, чем занимается пастор и почему эта работа важна. В процессе обучения я стараюсь воспитывать в детях любовь к пастырскому служению вместо обиды на то, что их папа редко бывает дома.

1. «Моя работа важна для Бога». Через апостола Павла Бог учит нас, что служение пастора полезно и благотворно, и кто стремится к нему, тот «доброго дела желает» (1 Тим. 3:1). Это работа, которая помогает нам держаться между жизнью и смертью, временным и вечным. Поместная церковь — главное средство, с помощью которого Бог хочет принести в этот мир Свое грядущее Царство, а работа пастора не похожа ни на какой другой труд. Прежде всего это нужно осознать самим пасторам. Пастор должен сам понять ценность служения прежде, чем учить этому своих детей. Он должен помочь своим детям понять, что, когда их отец работает и иногда не бывает дома, он не гуляет и не бьет баклуши. Его нет дома не потому, что он хочет побыть подальше от них. Когда отца нет дома, дети должны понимать, что его работа — это особое служение Христу, направленное на благо Его Церкви.

Если есть такая возможность, привлекайте детей к своей работе. Например, дети могли бы сопровождать своего отца-пастора при посещениях людей в больницах и на дому, помогать ему в организации церковных мероприятий, молиться за членов церкви за столом и даже участвовать в подготовке проповедей. Когда в этих мероприятиях участвуют дети, это приносит большую пользу как семье пастора, так и всей церкви. Поэтому обязательно постарайтесь сделать все возможное, чтобы спланировать участие своих детей в вашем служении. По крайней мере, это поможет им по достоинству оценить важность работы, которую выполняет их отец.

[Кара]

Кроме того, необходимо обратить внимание и на то, что работа, на которую уходит папа, очень важна для Бога.

Не стоит ревновать мужа, что он опять поехал в другой город на конференцию, или опять обедает с кем-то, или уехал с братьями на рыбалку. Вместо этого лучше напомнить детям (а иногда и себе), что, отсутствуя дома, папа строит отношения и помогает восполнить чьи-то нужды. А в следующий раз, когда вся семья соберется вместе, расспросите мужа, как прошли его встречи, о чем были беседы, и вместе порадуйтесь тому, какую работу совершил Бог через вашего супруга, когда он был на работе. Для этого нам вместе с детьми следует молиться о мужьях, когда их нет дома.

2. «Бог преображает человека именно через Свое Слово». Очень часто дети пастора задают такой вопрос (особенно, если кабинет их отца находится дома): «Папа, а зачем ты так много занимаешься и что-то все время изучаешь?» Однажды один пастор, у которого были маленькие дети, спросил меня: «Что вы отвечаете ребенку, который подходит к двери вашего рабочего кабинета и спрашивает: "Папа, ты до сих пор работаешь?"» И тогда нужно не просто попытаться уговорить его оставить вас еще на пару минут в покое, а ответить на этот вопрос так, чтобы ребенок научился ценить то, чем вы занимаетесь. Помогите вашим детям понять, что только Божье Слово силой Святого Духа преображает людей, пробуждая их от духовного сна и перенося из смерти в жизнь. Объясните им, что Бог возложил на их папу большую ответственность — учить и проповедовать Божье Слово народу Божьему, чтобы они могли лучше познать Бога и больше походили на Иисуса. Все это требует от пастора верности и старания, чтобы показать себя «делателем неукоризненным, верно преподающим слово истины»

(2 Тим. 2:15). Не позволяйте себе плохо отзываться о своей работе и не говорите детям, что ваш труд — это сплошное наказание. Позитивно высказывайтесь о том, какая это сила и большая ответственность — верно преподавать Слово истины Божьей.

3. «Мне нужно кое с кем "поговорить"». Примерно такие слова можно сказать детям, когда у нас запланирована встреча по ученичеству, или когда мы отвечаем на телефонный звонок рассерженного члена церкви, или когда решаем проблемы, вызванные печальными последствиями чьего-то греха, или когда убеждаем возмущенную и обиженную жену не уходить от мужа. Детям вовсе не нужно знать подробности подобных ситуаций; более того, если они узнают о них, им это может даже навредить. Когда мне нужно кому-то помочь или поговорить с кем-нибудь по телефону, я стараюсь объяснить своим детям, что Бог благословил их папу возможностью разговаривать с людьми об их обстоятельствах, делиться с ними Словом Божьим и призывать их посвятить себя следованию за Иисусом. Объясните детям, почему вам нужно вести эти разговоры с людьми, но не вдавайтесь в подробности этих бесед и не пытайтесь объяснить каждую ситуацию.

4. «Служить Божьему народу и заботиться о нем — большая радость». Большинство людей в мире проводят свои дни на работе, чтобы обеспечить семью, трудясь на предприятии, общаясь с клиентами или удовлетворяя нужды людей в той или иной форме обслуживания. У пасторов есть особая привилегия проводить большую часть своего времени, изучая Божье Слово и заботясь о Божьем народе. Какую высокую честь Бог оказывает пасторам! Расскажите об этом своим детям. Даже когда в служении возникают трудности, учите своих детей видеть радость от вашей работы. Служение и забота о Божьем народе — большая радость. Конечно, если работа не приносит вам радости, то донести это до детей будет трудно, если вообще возможно. Пастор или жена пастора, разочарованные в служении, воспитают таких же разочарованных в служении и церкви детей.

[Кара]

Стоит еще раз повторить предостережение, которое высказал Брайан. Обсуждая с детьми вопросы, связанные с церковью, не следует загружать их ненужными подробностями церковной жизни. В стремлении научить детей любить церковь нам нужно помнить, что нести бремя церкви не входит в их обязанности. Одна из наших дочерей очень остро переживает все то, что случается в жизни других людей. Она как чувствует, когда у кого-то в жизни происходит что-то не то. Подобная чувствительность помогает ей понять фрагменты наших разговоров (когда мы даже не подозреваем, что она это слышит), и тогда она начинает сильно переживать за ту семью. В связи с этим нам следует быть осторожными, потому что она еще не настолько взрослая, чтобы знать, как справиться с этим бременем. Надо помнить, что наши дети слышат все, о чем мы разговариваем, причем не важно, знаем мы об этом или нет. Поэтому следует соблюдать особую осторожность при обсуждении служения. Правило хорошего тона — вести серьезные разговоры подальше от детей.

Это не значит, что мы что-то скрываем от детей. Они должны понимать, что мы живем в греховном мире. С нашими детьми мы говорим о разводе, смерти и самоубийстве. Но эти разговоры мы ведем не в контексте чьей-то конкретной ситуации, а в контексте библейских истин, которые помогают нам лучше понять Божий замысел для Его народа.

5. «Почему люди часто о нас спрашивают?» Неважно, куда и как призвал вас Бог в качестве пастора, всегда найдется кто-то, кто будет с любовью переживать и заботиться о вас и вашей семье. Особенно это касается тех пастырей, которые служат в одной поместной церкви в течение многих лет. Помните об этих людях, о тех, кто интересуется вашей семьей. Расскажите о них своим детям. Пусть ваши дети знают, что в церкви их любят те, о ком заботится их отец. Самые теплые отношения в моей церкви — это отношения с людьми, которые заботятся о моей жене и наших детях. Я могу вспомнить, к примеру, девяностолетнюю вдову, которая обожает нашу старшую дочь (возможно, даже больше, чем меня, своего пастора). У них особые отношения, на которые приятно смотреть. Не забывайте напоминать вашим детям, что члены вашей церкви их любят, расспрашивают о них и ценят ту жертву, которую они приносят, чтобы их отец мог служить церкви.

Я сам имел честь убедиться, насколько важно поддерживать детей в этом отношении, после того как мне довелось проповедовать на одной семейной конференции в другом городе. Пресвитер церкви, в которой проходила конференция, собственноручно написал всем нашим четверым детям письмо на трех страницах, и они получили его по почте примерно через неделю после моего возвращения. Его содержание очень обрадовало и наших детей, и нас с женой:

> *Спасибо вам, что отпустили ваших родителей к нам в церковь, чтобы мы могли познакомиться с ними! Думаю, вам будет приятно узнать, что благодаря им Господь призвал многих людей в нашей церкви больше любить Господа, доверять Его Слову и жить по вере… В знак благодарности за ваше участие в нашей семейной конференции 2012 года мы приглашаем вас покушать мороженого в Dairy Queen. Надеюсь, вы любите мороженое? Помните, что вы тоже приняли участие в нашей конференции, и мы это очень ценим! Каждый раз, когда вы благословляете служение, на которое Бог направляет ваших родителей, тем самым вы также участвуете в их работе.*

В этом письме пастор перечислил возможные способы, как наши дети могут благословлять и поддерживать наше служение: молиться о нас, благодарить за нас, разговаривать с нами откровенно и так далее. К письму прилагался подарочный купон на 25 долларов в кафе Dairy Queen. Это письмо — яркий пример того, как можно помочь детям пастора осознать, насколько важную роль они играют. Такое ободрение может стать Божьим инструментом, чтобы помочь детям любить и ценить служение, которым занимается их отец, вместо того чтобы огорчаться из-за него.

Такую же ответственность несут пасторы перед своими детьми. Лучше всего это получается, когда мы вкладываем время и усилия в воспитание каждого из них, проводим с ними время в молитве, беседуем и вместе читаем Писание, помогаем им понять, что наблюдать, как папа работает, и участвовать в этой важной работе отца — не обуза, а большая честь. И все же пастырство над семьей происходит не только тогда, когда мы учим и наставляем каждого члена по отдельности, но и когда заботимся о *всей* семье сразу.

Вопросы для обсуждения

Жена → мужу

1. Проводишь ли ты регулярно время с каждым из детей? Если нет: почему? Как можно выстроить распорядок недели, чтобы у тебя появилось на это время? Насколько часто каждому из детей необходимо проводить с тобой личное время? Раз в неделю — это слишком часто или слишком редко? Если да: как именно ты планируешь проводить это время с детьми?

2. Как нам воспитать в детях любовь к твоему служению?

3. Не утратил ли ты радость от исполнения своего служения? Если да, что можно сделать, чтобы вновь ее обрести?

ГЛАВА 6
СОПАСТЫРСТВО

[Брайан]

Чарльз Сперджен был великим человеком Божьим — успешным евангелистом и пастором. В его жизни было много людей, благодаря которым он стал таким выдающимся человеком, но зачастую упускают из виду и недооценивают роль одного важнейшего в его жизни человека — его матери. Сперджен не раз вспоминал, как мать собирала за обеденным столом всех своих детей:

> *Воскресными вечерами, когда мы были еще маленькими, у нас в семье было заведено собираться дома, где мы садились за стол и по очереди читали стихи из Библии, а мама объясняла нам Писание. После этого наступало время призыва к покаянию: мы читали небольшой отрывок из «Тревожного сигнала» Аллейна или из «Призыва к грешникам» Бакстера, причем читали вдумчиво. Иногда мама обращалась к кому-то из нас с замечаниями, а затем вопрошала, когда мы задумаемся о своем положении и обратимся к Господу. После*

этого наступало время маминой молитвы, слова которой мы никогда не забудем даже в глубокой старости. Я помню, как однажды она молилась: «Господи, если мои дети будут упорствовать во грехе, то они погибнут уже не по неведению, и если они не примут Христа, то в день суда моя душа будет свидетельствовать против них». Мысль о том, что мама будет свидетельствовать против меня, глубоко проникла в мое сознание и всколыхнула мое сердце[22].

Воспоминания Сперджена о своей матери показывают, какую важную роль играют благочестивые матери в наставлении душ своих детей, а также говорят о том, что во время совместного семейного обучения Господь действует особым образом.

Несомненно, в обучении детей существенную роль всегда играют матери. Но вместе с тем Писание говорит, что Бог призвал главу семьи, то есть отца, взять на себя инициативу в этом вопросе. Хорошо об этом написал Дуглас Келли: «Представительный принцип, являющийся неотъемлемой частью Божьего завета в отношениях с людьми, указывает на то, что в поклонении именно глава каждой семьи должен представлять свою семью перед Богом, соответственно, верность или неверность главы семьи в проведении совместного семейного поклонения в значительной степени влияет на духовную атмосферу и благополучие семьи в будущем»[23].

---

[22] Charles H. Spurgeon, *Autobiography, Volume 1: The Early Years, 1834–1859* (Edinburgh: Banner of Truth, 1962), 43–45; see www.spurgeon.org/earlyimp.htm (дата обращения: 18.01.2013).

[23] Douglas F. Kelly, "Family Worship: Biblical, Reformed, and Viable for Today," in *Worship in the Presence of God*, ed. Frank J. Smith and David C. Lachman (Greenville, S.C.: Greenville Seminary Press, 1992), 112.

Пастор должен уделять особое внимание индивидуальному служению каждому своему ребенку, о чем мы говорили в предыдущей главе, но столь же важно, чтобы служитель приобщал свою семью к той или иной форме семейного поклонения. Кроме того, у пасторов есть возможность подготовить свою семью к общему поклонению с другими братьями и сестрами.

В Библии нет ни одного стиха, в котором бы давалось четкое повеление, чтобы отец проводил домашние служения поклонения, однако есть немало библейских текстов, которые подразумевают совместное наставление внутри семьи. В качестве примера можно привести слова наставления апостола Павла семье в Послании к Колоссянам 3:18–21 или увещание в Ефесянам:

> *Дети, повинуйтесь своим родителям в Господе, ибо сего требует справедливость. «Почитай отца твоего и мать» — это первая заповедь с обетованием: «да будет тебе благо, и будешь долголетен на земле».*
>
> *И вы, отцы, не раздражайте детей ваших, но воспитывайте их в учении и наставлении Господнем.*
>
> Ефесянам 6:1–4

В своих наставлениях церквам в Колоссах и Ефесе Павел называет три основных принципа, лежащих в основе необходимости регулярного семейного поклонения под руководством отца.

1. Семьи участвовали в совместном поклонении. Мы знаем, что многие новозаветные послания Павла (например, послания к Колоссянам и Ефесянам) адресовались нескольким церквям и зачитывались вслух перед всем собранием.

В этих посланиях апостол обращался индивидуально к разным членам семьи: к женам (Кол. 3:18), мужьям (Кол. 3:19), детям (Кол. 3:20; Еф. 6:1), отцам (Кол. 3:21; Еф. 6:4) и даже рабам (Кол. 3:22). Из этого можно сделать вывод, что Павел ожидал, что это письмо услышат представители всех упомянутых категорий и его наставления будут полезны им всем. Павел писал свои письма, зная, что там будут дети с родителями, мужья с женами. И каждая группа услышит от Павла наставления не только для себя, но и для других присутствующих групп. Каждый из супругов мог узнать, чего Бог ожидает от них в отношении друг друга. Дети должны были уяснить, чего ожидает Бог от родителей по отношению к ним и как папа должен относиться к маме (а мама к папе).

2. Родители наставляли своих детей дома. В Послании к Колоссянам Павел не дает прямых указаний отцам-христианам (3:21), но, обращаясь к ефесянам, он ясно велит отцам (и, вероятнее всего, матерям тоже) не раздражать детей, то есть не провоцировать в них гнев, а учить и воспитывать их в Господе (6:4). Шестая глава Второзакония раскрывает эту мысль на практике, показывая, как отцы должны наставлять детей истинам о Боге, о том, как Бог требует от каждого израильтянина абсолютной преданности, а также о необходимости обсуждать и изучать Божье Слово дома. Скорее всего, Павел хотел, чтобы родители-христиане следовали тому же учению, изложенному во Второзаконии 6, — рассказывали дома о Боге, Его требованиях и Его Слове. Как и в израильских семьях, в христианских семьях дети и родители должны регулярно общаться о духовных вопросах.

[Кара]

Неважно, сидите ли вы дома с детьми или ходите на работу. Вы — мама, на которой лежит ответственность помогать мужу в воспитании детей. Это не означает, что вы должны в определенное время по расписанию собираться вместе на семейное богослужение. Своими повседневными делами мы показываем детям пример того, как доверять Богу и благодарить Его в любых ситуациях. Мы должны показывать любовь к Богу и Его Слову и способствовать тому, чтобы наши дети заучивали стихи и изучали Библию вместе с нами. Когда мы подчиняемся и даем возможность нашим мужьям учить и воспитывать, мы тем самым учим наших детей подчиняться авторитету и воспитанию их отцов. Когда я участвую в семейных молитвах и поклонении так же активно, как и мои дети, я подаю им хороший пример жены. Когда моего мужа нет дома, я повторяю пройденный им материал в беседах с детьми, чтобы закрепить то, чему из Писания научил их папа за неделю. Во время воскресного богослужения я стараюсь всегда делать записи, тем самым показывая детям пример. И пусть пока они еще не научились писать, я поощряю их делать записи, пусть даже в виде рисунков.

3. Дети подчинялись наставлениям своих родителей. Неутомимый реформатор и пастор Мартин Лютер также был мужем и отцом и осознавал свою ответственность за пастырское руководство своей семьей. Он называл дом одновременно и школой, и церковью и сравнивал роль отца в доме с ролью епископа или священника: «В шатре у Авраама был дом Божий и церковь. Так и сегодня любой благочестивый и набожный глава семьи наставляет своих детей... в благочестии. Поэтому такой дом по сути является школой и церковью, а глава семьи — епископом и священником в своем доме»[24].

Писание говорит нам, что родители должны наставлять и воспитывать своих детей. Библия также учит, что дети должны повиноваться родителям (Кол. 3:20; Еф. 6:1). Апостол Павел напоминает детям, собравшимся в церкви в Колоссах, что такое послушание «благоугодно Господу» (3:20). В ранней церкви отцы-христиане находили время для духовных бесед о Боге у себя дома и учили своих детей полностью посвящать себя Богу и следовать за Христом. Своим личным родительским примером они показывали детям, что значит быть последователем Иисуса. В чем же тогда заключалась ответственность детей? Соблюдать то, чему их учили, и применять полученные знания на практике.

У пасторов есть прекрасная возможность не только проводить поклонение в своей семье, но и готовить ее к общему поклонению в поместной церкви. Я бы хотел предложить несколько рекомендаций, которые помогут вам подготовить семью к общецерковному поклонению.

Для семейного поклонения возьмите в качестве чтения Писания текст проповеди на следующее воскресенье. Когда вы знаете материал, по которому будете проповедовать в предстоящее воскресенье, и у вас уже есть некоторые идеи для проповеди, поделитесь ими со своей семьей. Благодаря этой практике я узнал, что наши дети могут слушать проповедь и понимать ее важные истины даже в более раннем возрасте,

---

[24] Martin Luther, *Luther's Works, Volume 4: Lectures on Genesis: Chapters 21–25*, ed. Jaroslav Pelikan (Saint Louis, Mo.: Concordia, 1964), 384.

чем я предполагал[25]. Кроме того, не стоит недооценивать ценность идей, вопросов и наглядных иллюстраций со стороны вашей жены и детей. Я часто замечаю, что их вклад усиливает мою проповедь и помогает нашей церкви глубже понять истину Слова Божьего.

Спойте гимн, который запланирован на предстоящее воскресенье. Большинство пасторов участвуют в подготовке богослужения, поэтому вы, скорее всего, будете знать, какие гимны включат в программу богослужения. Такая традиция позволяет детям, которые еще не очень хорошо читают, участвовать в общем прославлении. За годы семейного поклонения благодаря пению гимнов у моих детей появилась уверенность, что они могут хорошо петь как дома, так и во время общего собрания.

Молитесь о насущных нуждах церкви. Отец по-разному может приучить свою семью к совместной молитве. Если вы молитесь за миссионеров вашей церкви, больных и страждущих, научите и своих детей молиться вместе с вами за этих людей. Проявляйте мудрость в том, сколько информации можно рассказать жене и детям, но все же говорите им, о чем можно молиться.

Подготовка семьи к служению — не главная цель вашего семейного поклонения, и вряд ли нужно это делать каждый раз, когда вы собираетесь вместе. Но это великолепная возможность помочь вашим детям проникнуться впечатлениями от поклонения вместе со всей церковью. Кроме того, это помогает им понять преемственность между домашним поклонением

---

[25] По этой же причине мы сообщаем членам церкви библейский текст, на который в следующее воскресенье запланирована проповедь. Такой подход помогает семьям членов церкви подготовиться к следующему богослужению.

и церковным служением. У вас, пастора, есть прекрасная возможность продемонстрировать и своим детям, и всей вашей церкви пример единения личного и общего поклонения.

Джонатан Эдвардс, которого по праву считают одним из величайших пасторов и богословов Америки, прекрасно продемонстрировал эту верность. К целому списку его научных и литературных достижений следует добавить и тот факт, что он поистине был верным мужем и отцом. Джордж Марсден, один из биографов Эдвардса, рассказывает о том, насколько Эдвардс был предан пастырскому служению собственной семье:

> [Эдвардс] начинал день с молитвы в уединении, после чего следовала семейная молитва, зимой при свечах. Каждый прием пищи сопровождался домашними молитвами, а в конце каждого дня Сара вместе с ним молилась в его кабинете…
>
> Безусловно, его главной целью была забота о душах своих детей. Во время утренних молитв он расспрашивал их о Священном Писании, задавая вопросы соответственно их возрасту… [26]

В заключение я бы хотел предостеречь, что легко можно упустить важность этих ежедневных обучающих, воспитательных и исцеляющих душу действий. Эдвардс был верным пастырем душ своей семьи, что принесло плоды в его жизни как пастора и ученого. О том, насколько серьезное влияние на следующие поколения оказало его родительское воспитание и пастырство, насколько плодотворной для Царства

---

[26] George Marsden, *Jonathan Edwards: A Life* (New Haven, Conn.: Yale University Press, 2004), 133, 321.

Божьего была его жизнь как мужа и отца, свидетельствует тот факт, что все его одиннадцать детей продолжили следовать за Господом в течение долгих лет после смерти своего отца. У Эдвардса хватило мудрости и проницательности, чтобы смотреть в будущее и понимать, что, несмотря на все важнейшие дела, которые ему приходилось делать в качестве пастора и руководителя церковной общины, задача семейного пастыря оставалась для него очень важной. Ведь на карту были поставлены души его детей. Она была настолько важной, что он легко отказался от других задач служения, чтобы сосредоточиться на заботе о своей семье. И она была настолько важной, что даже в разгар самого насыщенного служения он находил время для своих детей. К сожалению, многие пасторы, даже современники Эдвардса, не отличались такой же верностью в служении своим семьям, и это иногда приводило к печальным последствиям. Пример Эдвардса мотивирует нас быть верными, а пример беспечности других служит для нас предостережением. Каким будет ваше духовное наследие как отца и пастора? В последней главе мы глубже окунемся в изучение этого вопроса и рассмотрим, как наши поступки сегодня определяют будущее наших детей и нашей семьи.

Вопросы для обсуждения

Жена ◄► муж

1. Почему важно, чтобы вся семья поклонялась вместе?

2. Как нам стоит организовать совместную работу над этим? Что сейчас у нас получается хорошо? Что мы могли бы изменить или сделать по-другому?

3. Какую именно роль должен играть муж в семейном поклонении? Что должна делать жена? Какую роль играют дети в нашем семейном поклонении?

4. Как мы можем использовать время семейного поклонения, чтобы научить наших детей и подготовить их к воскресному общему собранию?

ГЛАВА 7

ПАСТЫРСТВО, УСТРЕМЛЕННОЕ В БУДУЩЕЕ

[Брайан]

Дэвид Ливингстон, один из наиболее известных миссионеров во всей истории церкви, умер с чувством глубокого разочарования. Несмотря на многочисленные успехи, которых Ливингстон добился в служении во имя Христа и проповеди Благой вести грешникам, тяжесть разочарования и печаль угнетали его вплоть до смертного одра. Дорин Мур пишет, что после смерти его жены Мэри Дэвид Ливингстон много размышлял о «неудачах в супружестве и воспитании детей». В нем было столько разочарования, что больше всего он мечтал обратить все вспять и начать заново. Горести, выпавшие на долю семьи, заставили его даже задуматься о том, не лучше ли ему было и не жениться вовсе[27].

В первой главе мы уже говорили о том, что успех в служении не всегда сопровождается успехом в воспитании детей

27 Doreen Moore, *Good Christians Good Husbands? Leaving a Legacy in Marriage and Ministry* (Ross-shire, Scotland: Christian Focus, 2004), 136.

и браке. На самом деле одно из самых трудных испытаний для пастора — уделять достаточно внимания общению с женой и детьми.

Одним из самых выдающихся и даже, пожалуй, всемирно известных служителей последнего столетия был евангелист Билли Грэм. Впрочем, оно и не удивительно. Миллионы людей по всему миру услышали Евангелие благодаря его проповедям. Сотни тысяч людей свидетельствуют, что пришли к вере именно через его служение[28]. Служение Грэма вдохновило на труд многих других благовестников, и Билли Грэм стал поистине легендарной личностью и примером для подражания, особенно внутри Южной баптистской конвенции. Если кто-то в мире и мог бы со спокойной душой утверждать, что его служение принесло непреходящий плод для Царства Божьего, это, несомненно, был Билли Грэм.

В контексте такого ошеломительного успеха в служении, пасторам, евангелистам и миссионерам, готовым поддаться на искушение оставить семью ради служения, важно услышать эти мудрые слова Билли Грэма:

> *Мне трудно об этом говорить и писать, но за эти годы команда Евангелической ассоциации Билли Грэма стала моей второй семьей, хотя я этого даже не осознавал. Рут [жена Грэма] говорит, что те из нас, кто постоянно был в разъездах, упустили самое лучшее, что может быть в жизни, — радость от созерцания роста своих детей. Наверное, она права. Я был слишком занят проповедями и путешествиями по всему миру.*

---

[28] Цитируется по: "Biographies: William (Billy) F. Graham," Billy Graham Evangelistic Association, www.billygraham.org/biographies_show.asp?p=1&d=1 (дата обращения: 18.01.2013).

Только Рут и дети могут сказать, что значили для них эти долгие годы разлуки. Оглядываясь назад, я понимаю, что те годы дались мне значительно тяжелее как в психологическом, так и в эмоциональном плане. Я так много упустил, не находясь дома, не видя, как растут и взрослеют дети. У детей наверняка также остались шрамы от этих разлук…

Сегодня я хотел бы предостеречь молодых евангелистов от тех ошибок, которые совершил я[29].

Грэм вспоминает и приятные моменты, проведенные вместе с детьми. Он говорит о любви, которая была и остается у него к ним. По Божьей милости сейчас, когда жизнь его приближается к завершению, у него очень близкие отношения с детьми. Бог поистине явил милость и верность в отношении семьи Грэм. Вряд ли кто-то осмелится обвинить Билли Грэма в намеренном пренебрежении семьей, но все же он скорбит, что не уделял семье должного внимания. Он искренне говорит, что больше всего сожалеет не о том, что ему не удалось побывать в каком-то месте, не о том, что он не произнес ту или иную проповедь, и даже не о том, что ему не удалось донести Евангелие большему числу людей (хотя я полагаю, что он бы мог сожалеть и об этом). Наибольшее сожаление у него вызывает то, как он относился к своей семье, отводя ей второстепенное место в своей жизни.

Тем, кто несет пасторское служение сегодня, необходимо прислушаться к советам таких людей, как Билли Грэм. Нам нужно извлекать уроки из прошлого и прислушиваться к мудрым словам тех, кто совершил великое для Бога, но в конце

---

[29] Billy Graham, *Just As I Am: The Autobiography of Billy Graham* (New York: HarperCollins, 1997), 702–3.

испытал чувство разочарования. Мы должны учиться на их ошибках. Будьте внимательны к предупреждающим знакам и постарайтесь что-то изменить, чтобы избежать случаев невнимания к своему браку и семье. Еще не поздно покаяться и изменить свою жизнь, чтобы пасти души членов своей семьи. В связи с этим хочу обратить ваше внимание на четыре предупреждающих знака. Помните, что, если ими пренебречь, в конце жизненного пути вас может ожидать разочарование.

Четыре знака, предупреждающие о пренебрежении семьей

Когда мы едем по дороге, нам часто встречаются специальные дорожные знаки, которые так и называются: предупреждающие. Например, если мы видим знак «Впереди обрыв», было бы глупо продолжать движение вперед. Тем не менее многие пасторы поступают именно так. Несмотря на предупреждающие знаки, они ничего не предпринимают, чтобы повернуть и сменить курс своей жизни. Прочитав этот раздел книги, обязательно задумайтесь и помолитесь о том, не появляются ли подобные знаки в вашей жизни. Если они есть, начните действовать: встаньте на колени и обратитесь к Богу с мольбой о помощи. Затем найдите кого-нибудь — надежного и умудренного опытом коллегу-пастора или близкого друга — и попросите его помочь вам внести необходимые изменения, чтобы покаяться и вернуть свою жизнь на правильный путь.

1. Ваш брак переживает не лучшие времена. Многие супружеские пары признают, что у них в браке есть проблемы, но ошибочно полагают, что смогут решить их самостоятельно. И пасторы здесь не исключение. Более того, пасторам бывает еще труднее быть честными и открытыми. Они сталкиваются с сильным искушением утаивать или скрывать свои супружеские трудности от церкви. Разные факторы могут стать причиной краха брачных отношений пастора. В чем-то причиной могут быть сами отношения. Иногда проблемы усугубляются трудностями и нагрузками, с которыми связано пасторское служение. Независимо от причин, по которым ваш брак находится в опасности, вам понадобится помощь в его восстановлении и укреплении. Я бы посоветовал вам обратиться за посторонней помощью ради вашего брака, ваших детей и вашего служения (1 Тим. 3:4–5). Как я уже отмечал ранее, ваш брак и то, как он отражает Евангелие и демонстрирует пример Христов другим, является важным аспектом вашего пасторского служения. Если в вашем браке есть проблемы, то они есть и в служении тоже, даже если вам кажется, что в церкви все в порядке. Сделайте паузу и честно оцените свои отношения с женой, и там, где есть проблемы, примите меры по их устранению. (**Кара:** *Сестры, здесь жизненно важно подчеркнуть, насколько нужно быть открытыми, честными и откровенными с мужьями. Ни в коем случае не допускайте позицию наблюдателя, будьте активны в защите своего брака. Нужно во всеоружии принимать изменения. Нужно великодушно прощать наших мужей, когда они нас подводят, и быстро извиняться и просить прощения, когда мы подводим их.*)

2. Вы имеете дело с обиженным ребенком. Бытует такой стереотип, что дети пасторов и миссионеров, а то и просто дети верующих родителей (ДВР), вырастают непокорными, обиженными бунтарями. Такой стереотип появился неспроста: зачастую это горькая правда. Билли Грэм так однажды высказался о ДВР: «У детей служителей часто случаются трудные, если не сказать ужасные, периоды в жизни. Возможно, окружающие слишком многого от них ждут, смотря на их родителей. Возможно, они и сами ожидают от себя слишком много, предъявляя к себе неоправданно высокие требования в попытке оправдать ожидания других»[30]. Вдобавок к завышенным ожиданиям хотелось бы назвать еще одну причину, по которой многие пасторские дети сталкиваются с трудностями. В результате бесед, которые я проводил с детьми служителей на протяжении многих лет, я пришел к выводу, что отчасти их бунт против родителей и недовольство церковью вызваны пустыми обещаниями, которые их родители давали им на протяжении многих лет, но так и не выполнили.

Например, пастор мог пообещать своему сыну, что придет на матч, в котором участвует сын, но потом оказалось, что у него не хватило времени закончить подготовку к проповеди, поэтому ему нужно еще поработать. Или он мог пообещать, что придет домой ужинать к определенному времени, но постоянно задерживался. Пастор мог пообещать дочери вечером ей почитать, но потом вдруг зазвонил телефон, и разговор с членом церкви затянулся на значительно более долгое время, чем ожидалось. Когда на пастора давит груз ответственности служения, от недостатка внимания страдает не только жена. Дети также ощущают на себе определенное давление, и самое распространенное из них — нарушенные обещания. Это подрывает их доверие к отцу. Невыполненные обещания перерастают в лицемерие, и ребенок может запросто перенести свое разочарование в отце на свою веру в Бога. Конечно, в конечном счете озлобленный ребенок — это результат греха, коренящегося в сердце ребенка, и исправить ситуацию

---

[30] Ibid, 710.

может только Христос. Однако глупо было бы отрицать важность влияния отца на формирование своих детей. Если вы часто нарушаете свои обещания в семье, оцените, как это может повлиять на доверие вашим словам. В долгосрочной перспективе это может привести к серьезным последствиям.

3. У вас слишком требовательная церковь. Любая церковь предъявляет требования к своим пасторам, но некоторые требования оказываются завышенными или даже невыполнимыми. Одни научились уважать границы пастора, установленные им для своей семьи, другие — нет. Внимательно присмотритесь к тому, как церковь относится к вашей семье, и постарайтесь установить границы, чтобы защитить время общения с близкими. В частности, вы должны определить, действительно ли требования предъявляет церковь или же они возникают сами по себе. За годы моего служения виды требований и ожидания церкви изменились. Когда я только пришел в церковь, я столкнулся с тем, что к моему времени предъявляли требования, которые невозможно выполнить. Церковь неохотно предоставляла мне возможность использовать назначенный отпуск. Но теперь, спустя время, если к концу года у меня останется хоть один день отпуска, мне поставят это на вид! Все эти годы я работал над тем, чтобы установить четкие границы и выработать в церкви понимание и уважение к здоровому пастору. Если церковь требовательна и постоянно отрывает пастора от семьи, если церковь не меняет своего отношения к вам, это предупреждающий знак, что впереди вас ждут проблемы. Необходимо осторожно, но откровенно поговорить с руководителями церкви, чтобы понять, действительно ли ожидания исходят от церкви или их предъявляет ваша собственная совесть.

Когда нашей старшей дочери было три года, она заболела пневмонией и ее положили в больницу. Наступил вечер среды, и мне пришлось выбирать: вести в тот вечер занятия по изучению Библии или отправиться в больницу, чтобы помочь жене ухаживать за больной дочкой. Я тогда был еще новичком в нашей церкви, но знал ее достаточно хорошо, чтобы понять, что она с радостью простила бы мое отсутствие в тот вечер, чтобы я мог побыть со своей семьей. И все же я предпочел быть в церкви. Я даже пренебрег советом своего помощника — пастора, который предложил провести урок вместо меня. Единственное давление, которое я испытывал в тот вечер, были ложные угрызения совести, а вовсе не ожидания со стороны церкви. Да, церкви могут требовать от пастора быть всегда на месте. И все же постарайтесь отделить ваши собственные ожидания от ожиданий вашей церкви. Возможно, вы удивитесь, узнав, что многие из требований, которые вы ощущаете на себе и на которые постоянно жалуетесь, в действительности к вам никто, кроме вас самих, не предъявляет.

4. Вы чувствуете в своем сердце сожаление. Признаться, я люблю общаться с пожилыми пасторами. Я спрашиваю у них совета и учусь на их историях. Во время моих бесед с умудренными опытом пасторами, у которых уже выросли дети, мне часто доводится слышать примерно одно и то же сожаление: «Как жаль, что я недостаточно времени проводил со своими детьми». Опять же, я знаю, что через какое-то время это может прозвучать как заезженная пластинка, но мне становится не по себе, когда я думаю о том, насколько часто пасторы, которыми я восхищаюсь и которых уважаю, произносят эти слова. Многие из этих пасторов добавляют, что испытывали это сожаление даже тогда, когда их дети были еще маленькими, но тогда они не обращали на это внимания, потому что были поглощены служением. Мой совет: найдите время пообщаться с пасторами старшего поколения. Учитесь у тех, кто правильно воспитал своих детей, но также и у тех, чье сердце разбито. Возможность услышать об их боли может оказаться для вас настоящим благословением. Тогда вы сможете увидеть последствия собственного греха, и это подтолкнет вас к покаянию и конкретным шагам к переменам. Это может научить вас большему сочувствию страждущим. Возможно, это станет для вас дополнительным стимулом для принятия непростого решения ради своей семьи.

Возможно, прочитав это, вы решите, что уже слишком поздно. Ваши дети уже выросли, отношения с ними испорчены, и вам осталось лишь сожалеть о прошлом. Но не забывайте: у Евангелия есть сила восстанавливать отношения. Оно возвращает нас к Небесному Отцу и способно восстановить любые разрушенные отношения в жизни, в том числе и отношения с нашими детьми, испорченные в результате давления служения. Даже самый разочарованный пастор может не скорбеть без толку, а молиться и уповать на то, что Бог исцелит разрушенные отношения. Однако все начинается с Божьей благодати во Христе. Сначала вы должны проявить смирение и сокрушенность, и только тогда вы сможете обрести евангельскую надежду.

Пять способов не допустить пренебрежения семьей

Перечисленные предупреждающие знаки помогают нам оценить состояние нашей семьи и степень нашей заботы о ней. Эти же предостережения могут послужить стимулом к верности. И все же лучшее средство для предотвращения недостатка внимания в семье — не просто заметить предупреждающий знак, но принять меры, чтобы изменить сложившуюся ситуацию.

Надежда Евангелия подразумевает прощение и ежедневное обновление Божьей милости. Независимо от вашего нынешнего положения, вы можете с Божьей помощью покаяться, изменить образ жизни и защитить себя от ошибок в будущем.

Благая весть Иисуса дает нам надежду на перемены, надежду на то, что мы действительно можем измениться, что Бог может преобразить нас и сделать новым творением. Предлагаем вам пять способов, с помощью которых вы можете изменить привычный уклад своей жизни и в дальнейшем не допустить отсутствия внимания в семье. Соблюдение этих пяти пунктов не решит всех проблем, но, действуя сообща с силой Евангелия и верой в Христа, следуя этим советам, вы сможете выработать новые модели поведения.

1. Каждую неделю берите выходной. Эту привычку я ставлю на первое место по нескольким причинам. Во-первых, воскресенье для пастора — рабочий день. Я знаю, что это День Господень. Понятно, что некоторые пасторы по воскресеньям проповедуют, а некоторые — нет. Тем не менее, в то время как большинство людей в вашей церкви в воскресенье отдыхают от еженедельной рутины, для пастора это один из самых напряженных дней. Бывает, что воскресенье приносит радость, но случается и так, что оно эмоционально изматывает. Для пастора в этот день нет ни покоя, ни отдыха.

Во-вторых, пастор никогда по-настоящему не отключается от своей работы. Где бы вы ни проводили вечер, как бы ни старались отдохнуть от церкви, полностью вы никогда не сможете отрешиться от своего служения. Даже когда никто не звонит по телефону и не приходит к вам домой, у вас в голове и сердце уже зреет идея для следующей проповеди; ваше сердце все равно обременено тем, что кто-то из членов церкви терпит, страдая от онкологии. Когда вы выходите из пасторского кабинета, на вас по-прежнему лежит тяжесть заботы о других людях, ведь их нужды не пропадают до девяти часов утра следующего дня. Возможно, это бремя никогда не исчезнет окончательно, но возможность выделить один день в неделю, чтобы в первую очередь уделить внимание семье, бесценна для поддержания выносливости в служении.

Наконец, еще одна причина, по которой вам нужен еженедельный выходной день, когда вы абсолютно не занимаетесь церковными делами, заключается в том, что таким образом вы можете засвидетельствовать всем, что ваша семья стоит для вас на первом месте и вы уделяете ей первоочередное внимание. Семье служителя часто приходится идти на многие жертвы. И тот факт, что есть особый день, в который ваша семья будет знать, что вы полностью посвящаете свое внимание именно ей, засвидетельствует о вашей любви к членам семьи лучше всяких слов. С помощью своего выходного дня вы сможете проявить любовь к жене и детям. Выделите особый день, когда вы регулярно будете проводить время с ними, не забывая исполнить свое обещание, даже когда напряженное расписание церкви будет требовать вашего внимания.

[Кара]

Убедитесь, что этот выходной день предназначен не только для семейного отдыха, но и для отдыха вашего мужа от еженедельных трудов. Можно провести этот день вместе, устроить веселый праздник и отдохнуть дома. Иногда мы попадаем в ловушку, когда пытаемся запланировать много дел, потому что у папы наконец-то выходной и он может нам помочь эти планы осуществить. Несомненно, ваш муж охотно согласится вам помочь, но вы, тем не менее, постарайтесь убедить его просто по-настоящему отдохнуть. Если что-то из нашего списка дел может подождать, то пусть подождет. Позже мы вряд ли вспомним о куче нестиранного белья, но обязательно будем помнить об упущенном времени, которое мы не провели вместе с папой.

2. Полностью воспользуйтесь отпуском. Пару лет назад ко мне обратился один мой близкий друг и коллега-пастор и с любовью обличил меня. Он упрекнул меня в том, что я не всегда использовал свой отпуск полностью. Он назвал несколько причин, почему я должен полностью использовать все дни отпуска, предоставляемые церковью, чего я раньше никогда не делал.

Прежде всего, он показал мне, что отпуск — это специально выделенное для меня время. У пасторов никогда не бывает настоящего отдыха. Они всегда на связи. Отпуск дает нам возможность перевести дух, отвлечься от суеты и восстановиться. Это время для отдыха. Если вы пастор, вы прекрасно знаете, чего стоите, когда измотаны, расстроены и истощены физически и морально. Именно для восстановления сил вам и нужен отпуск. Поэтому воспользоваться им следует с умом.

Также время отпуска полезно и для вашей семьи. *Длительный* отпуск важен не меньше, чем еженедельный выходной, потому что во время этого отдыха вашей семье не придется делить вас с церковью. Но если вы не берете весь отпуск, предоставленный вам церковью, вы лишаете свою семью возможности насладиться вашим вниманием и заботой.

Ваш отпуск нужен и для вашей церкви. Многие пасторы переживают, что церковь без них не выживет. Но если вы используете весь свой отпуск, другим придется активизироваться, и они какое-то время смогут справляться без вас, а вам это напомнит, что жизнь церкви напрямую зависит от Бога, а не от вас. Пастор — лишь инструмент, а чтобы мы это помнили, нам периодически необходима определенная доза смирения.

3. Цените каждый миг. Однажды, сидя за чашкой кофе с близким другом-пастором, я начал рассказывать ему о своей семье. Я поведал ему, как наши четверо детей миновали возраст младенчества и постепенно превратились в «маленьких человечков». Когда я об этом рассказывал, то заметил, как у друга на глазах навернулись слезы. Он сказал: «Как бы мне хотелось насладиться временем с детьми, когда они были маленькими, а я его упустил». Я хорошо знал этого человека. Это был весьма успешный в служении пастор. Он очень многого достиг. Он уделял время своей семье, лично проводя время с каждым из своих детей. Он ходил на их спортивные матчи и важные мероприятия. По всем внешним признакам он мог бы получить награду «Отец года». Несмотря на все это, он признал, что, когда его дети были маленькими, он позволял себе отвлекаться на неотложные дела церкви, пренебрегая общением с детьми. Скорее всего, они даже не понимали, что происходило, но он-то понимал. Сейчас его дети уже взрослые и живут отдельно. «И где теперь те времена, когда я мог провести с ними каждый день? Ушли, безвозвратно ушли».

На лице этого необычайно верного человека, широко известного и успешного служителя, читалась грусть. Я никогда не забуду его выражение лица, и сейчас, всякий раз вспоминая его, я заставляю себя «пройти проверку ума и сердца». Всякий раз, когда я выхожу из церкви, домой к своей семье, я осознаю, какой они для меня дар, и стараюсь насладиться каждой минутой, проведенной вместе с ними, на каждом этапе их жизни.

Много замечательных добрых дел можно совершить на своем поприще. Пасторское служение приносит немало благословений. Но в то же время я знаю, что очень многое может отвлечь нас от самого главного. Например, я знаю, что, когда мы идем из церкви домой, проблемы, которые мы призваны решать, никуда не исчезают, как по мановению волшебной палочки. Я знаю также, что многие молодые пасторы работают сверхурочно, пытаясь доказать скептикам свое трудолюбие и преданность. Но в итоге, в попытке доказать свою правоту людям, мы будем вынуждены заплатить цену, и расплата может оказаться довольно горькой. Будьте верны своему призванию, но не забывайте наслаждаться общением с семьей. Цените драгоценные этапы ее жизни и дорожите ими, ведь время так скоротечно.

[Кара]

Наслаждайтесь мужем! Когда вы в последний раз сидели и думали о том, что вы больше всего цените в своем муже? Когда в последний раз вы думали, сколько забот и требований выпадает на его долю ежедневно? Когда в последний раз вы благодарили его за все, что он делает для семьи? Когда в последний раз вы ходили куда-нибудь и просто наслаждались общением с ним? Наши мужья должны знать, что мы не просто хотим, чтобы они были рядом, но и наслаждаемся их присутствием. Важно постараться не встречать его у дверей со списком дел или жалобами на прожитый день. Конечно же, это не значит, что этого никогда нельзя делать. Но прежде всего мы должны задуматься: что увидит и услышит муж, переступив порог дома. И, зная, что принесет ему наибольшую радость, мы должны ее ему обеспечить. Сделайте все возможное, чтобы первые пять минут после возвращения мужа домой принесли ему удовольствие.

4. Звонит телефон? Ну и пусть себе звонит. Хотя это может показаться банальным, но в неотвеченном телефонном звонке кроется великая сила. В последнее время у меня появилась привычка не отвечать на звонки за обедом. Сначала я не понимал, как на мою семью влияло то, что я отвечал на каждый телефонный звонок. Раньше, чтобы ответить на звонок, мне приходилось всегда выйти из-за стола, и семья всегда обращала на это внимание. Когда я постепенно перестал отвечать на звонки, семья тоже это заметила. Через некоторое время они спросили меня, почему я не беру трубку. Я ответил: «Потому что это время принадлежит только нам с вами, и кто бы там ни звонил, он может подождать». Видя восторг и удивление на их лицах, я понял значение того, что делаю. Для них эти слова были признаком того, что мое время с ними ценно и важно — важнее всего остального. Оказалось, что в другое время, когда наступал их черед пойти на уступки, это сделать им уже было гораздо легче, потому что я четко и ясно дал им понять, насколько моя жена и дети ценны для меня. А когда мне приходилось уезжать, я меньше чувствовал вину, потому что знал, что у нас есть здоровые границы. Попробуйте и вы сами. Когда в подобных обдуманных действиях видны ваши намерения, эти действия говорят громче всяких слов.

5. Проверьте, насколько уравновешена ваша жизнь.
Не существует волшебной формулы, где было бы четко указано,
когда нужно работать, а когда уделить больше времени семье.
Чтобы найти оптимальный баланс между индивидуальными
потребностями вашей семьи и спецификой вашей церкви
или служения, очень важно регулярно беседовать с женой
и детьми. Первый и самый важный разговор должен состо-
яться с вашей женой. Она лучше всех знает, сколько у вас
работы и что нужно вашей семье. Затем можно поговорить
с вашими коллегами-пасторами или другими авторитетными
людьми в вашей церкви, которым вы доверяете. Я рассказываю своим коллегам-пасторам о своей работе и о том, как
забочусь о своей семье. Благодаря таким беседам я стараюсь
соблюдать баланс, чтобы работать не более шестидесяти
часов в неделю, еженедельно брать выходной, два-три раза
в неделю устраивать семейную молитву и поклонение после
ужина и каждую неделю проводить время индивидуально
с каждым из детей. Найдите баланс, оптимальный для вас,
вашей семьи и вашего служения. Возможно, вам придется
внедрять этот план постепенно, дисциплинированно, шаг за
шагом, и попросите кого-либо, кому вы доверяете, помочь
вам оценить, насколько уравновешена ваша жизнь.

[Кара]

*Сестры, мы должны быть готовы участвовать в этих бе-
седах. Правда, вы должны быть услышаны. Наши мужья
не сидят дома целыми днями, поэтому не стоит ожидать,
что они магическим образом догадаются, как у нас дела
и что нужно семье. Мы должны взять на себя инициативу и сказать: «С этим нам справиться уже не получится».*

Какие признаки, какие предупреждающие знаки свидетельствуют, что наша жизнь оказалась слишком загруженной? Обычно все начинается с того, что в необычных и тяжелых ситуациях дети начинают плохо себя вести. Наши дети — обычные дети, которые иногда плохо себя ведут, но порой они так поступают из-за стресса. Ведь они тоже чувствуют его. Еще один такой знак — моя внезапная подавленность и ощущение бессилия. Конечно, я стараюсь держать себя в руках, но иногда это просто невозможно. Я уверена, что Бог создал меня такой, чтобы уравновесить моего мужа и дать ему сигнал, предупреждающий о том, что он несколько перебрал с требованиями к нашей семье. Однако он бы никогда этого не узнал, если бы я ему об этом не сказала. Так вот, я не предлагаю вам пилить мужа или кричать на него. Просто в смирении признайте, что одной вам не удается справляться с жизненными трудностями. Завести такой разговор нелегко, но он необходим и очень полезен.

***

Наследие, которое пастор оставит после себя, зависит не только от него одного. Мы принадлежим суверенному Богу, и только Он обладает силой пробудить душу к познанию славы Христовой. Именно Бог, в конечном счете, пишет историю наших семей. Хотя у Билли Грэма и были некоторые разочарования и сожаления, он явно был бы в первых рядах тех, кто признает превосходство Божьей благодати в жизни его детей, несмотря на его провалы в роли мужа и отца. Но суверенность и милость Божья — не повод забыть о том, что мы также вносим свой вклад. Побуждаемые к действию Божьей милостью, опираясь на удивительную благодать крестной жертвы Христовой, мы должны прилагать все усилия, чтобы проявить жертвенную любовь и верность к жене и детям. Возможно, вы допускали грех, возможно, вы ошибались, не уделяя должного внимания своей семье, но преображающая сила Евангелия по-прежнему вселяет в вас надежду. Обратитесь к ней сегодня, зная, что верен Бог, призвавший вас к служению пастора, мужа и отца. Он спасает всякого призывающего имя Его, благословляет смиренно ищущих Его и уповающих на Его благодать.

Вопросы для обсуждения

Жена ←→ муж

1. Какие предупреждающие знаки о недостаточном внимании мы видим в своей семейной жизни?

2. С какими проблемами мы сталкиваемся в наших отношениях? Как мы радуемся друг другу?

3. Что свидетельствует о том, что наши дети любят церковь? Какие признаки того, что они недовольны ею?

4. Насколько наша семейная жизнь находится в гармонии с церковной? Есть ли у нас баланс? Что необходимо изменить?

5. Какие пять способов помогли бы нам на практике избежать пренебрежения семьей? Какие из них важнее всего применить в нашей жизни?

РАЗМЫШЛЕНИЕ

Несколько мыслей, навеянных воспоминаниями ребенка пастора

«Пасторские дети», «ДВР»

Как справиться с невзгодами и сложностями жизни в семье верного пастыря овец Христовых? Мой отец подвизался за Христа и дома, и за его пределами. Он заботился о жене и переживал за души детей, при этом не переставая заботиться о Божьем стаде и неся Евангелие заблудшим. В силу призвания пастора его дом — это место, где соседствуют друг с другом самые низменные проявления греха и наивысшие проявления Божьей благодати.

Поэтому я прекрасно помню критику и насмешки соперников моего отца и слезы, которые у некоторых наворачивались на глаза, например, когда один из членов церкви узнал, что нам пришлось выбросить старый стул, на котором тот сидел в момент своего покаяния. Я помню тех, кто считал, что, кроме них, у моего отца больше не на кого тратить время, и в то же время не забыл тех, кому мои родители без устали служили, проявляя ласку и заботу, когда все вокруг говорили, что им уже ничего не поможет и что горбатого могила исправит. Я помню и о том, когда папу срочно куда-то вызывали, и мы, дети, сильно от этого расстраивались. Я помню, как отец, стоя на коленях в своем кабинете, молился за нас и за других. Я помню, с каким безразличием некоторые относились к посещению богослужений, в то время как мой отец с утра и до вечера, неделю за неделей усердно готовился к проповедям и верно выходил за кафедру из воскресенья в воскресенье. Я вспоминаю злобные обвинения, порой сыпавшиеся в адрес верного пастыря душ, и скорбь этого пастыря, оплакивавшего душу обидчика.

Дети пастора часто видят и самое худшее, что может предложить этот мир, и самое худшее, что бывает в церкви. Они видят легкомыслие и беспечность учеников Христа, их слабости и грехи. Живя в пасторском доме, они видят христианскую жизнь без прикрас, впрочем, мои родители были честными людьми, поэтому ничего приукрашивать и не пытались.

Поэтому в те годы, когда я еще не познал Христа, но уже стал взрослее, мне казалось, что мир окрашен лишь в мрачные цвета. Я понимаю, что, возможно, другие пасторские дети не переживали того, что выпало на мою долю. Действительно, у других детей пастора другая жизнь и другая борьба. Но мне не давал покоя не только мой собственный грех, но и греховность других. Ситуация начала меняться, только когда милосердный Бог взялся за мое сердце. Вдруг я начал замечать не только мерзость человеческого греха, но и красоту Божественной, верховной благодати — благодати, которая ярко проявлялась в жизни моих родителей и в служении моего отца.

После покаяния у меня не было особого желания стать пастором, причем в немалой степени из-за того, что я знал, что за этим стоит! Но также я понимал, что наш Небесный Отец знает, как позаботиться о Своих верных рабах и защитить их. Я знал, что Бог моего отца достоин любви и служения — большой любви и верного служения. Я знал, чего это стоит, но также знал и то, сколько радости, благословений и наград приносит это служение. Если ребенок пастора видит все худшее, то иногда он видит и самое лучшее.

Думая об отце, я часто привожу себе на память слова Иисуса, сказанные Нафанаилу: «Вот подлинно израильтянин, в котором нет лукавства». Мой отец — отнюдь не идеальный человек и не идеальный пастор, а мне и подавно до него далеко. Но Бог, Которому мы служим, абсолютно свят и абсолютно милостив, и благодати Его Сына вполне достаточно и для Его рабов-служителей, и для их семей. Мой отец был далеко не безгрешен, но он всегда стремился служить Христу открыто и преданно, именно это и должны видеть дети пасторов. Лучший способ научить своих детей любить церковь и ее служение — любить Иисуса Христа, Главу церкви; любить церковь, ведь она — тело Христово; и, подобно Христу, любить семью, дарованную вам Господом. В конечном счете ребенок пастора находится в безопасности в том доме и в той семье, где отец говорит: «...я и дом мой будем служить Господу» (Нав. 24:15). А обустроить этот дом можно лишь при условии, что Христос находится на Своем престоле.

Пастор не может полностью оградить свою семью от реалий жизни грешного мира, впрочем, я думаю, не нужно и пытаться. Его задача — защищать, а не обманывать. Но есть и то, что пастор сделать в силах, — своим учением и примером указывать своим детям на Христа и с молитвой учить их жить во славу Божью на протяжении всего своего жизненного пути. И раз уж в доме пастора так ярко проявляются грех и благодать, он может послужить прекрасной кафедрой, с которой можно объяснить и прославить Божье учение.

Эти размышления написаны человеком, который провел детство в пасторском доме, а когда вырос, стал пастором сам.

Верен в семье, верен в служении

[Брайан]

В этой книге я попытался опровергнуть расхожее мнение о том, что величие в Царстве Божьем основано на мнимом успехе или популярности служения. Я утверждаю, что успех также зависит и от того, насколько человек верен смиренному служению в тех сферах своей жизни и призвания, которые не отличаются гламуром. К таким сферам относится забота пастора о своей семье — любовь к жене и детям и пастырское служение им.

Кого-то, возможно, посещали мысли, что быть успешным в служении и одновременно преданно служить своей семье невозможно. Чтобы опровергнуть такое суждение, в заключение я бы хотел рассказать о некоторых выдающихся исторических личностях, которые также проявили исключительную верность в заботе о своей семье. Как было бы хорошо, если бы мы подражали таким людям, которые не только несли плодотворное служение, но и нежно заботились о своих семьях!

У нас, конечно же, нет записей, подробно документирующих будни их семейной жизни. Но все же сохранились записки самих пасторов, подтверждающие их глубокую привязанность к своим женам. Например, баптистский пастор XVIII века Сэмюэл Пирс на протяжении долгих лет супружеской жизни прилагал немало усилий, чтобы заботиться о своей жене. Однажды он написал ей: «С каждым днем возрастает не только моя нежность, но и мое почтение к Вам. Будучи призванным немало общаться в разных слоях общества, я ежедневно имею возможность замечать человеческие нравы, и после всего увиденного и пережитого мое суждение, равно как и моя любовь, по-прежнему признают, что Вы для меня — лучшая из всех женщин... Я уже считаю дни, когда, я надеюсь, смогу иметь удовольствие вновь наслаждаться Вашим обществом»[31].

Еще один пример заботы и уважения к жене — жизнь великого проповедника и президента Южной баптистской духовной семинарии Джона Бродуса. Бродус искренне и нежно писал своей жене Лотти, словно обращался к ней в последний раз: «Здесь, в ночной тиши, в комнате, в которой мы часто засыпали вместе в этот час, в доме, где ты робко ответила "да" на мое предложение руки и сердца, я хочу сказать тебе, что сейчас я люблю тебя больше, чем когда бы то ни было, и с каждым годом моя любовь к тебе все сильнее. Я никого так сильно не любил и никогда бы не смог научиться любить никого на свете, как тебя»[32].

---

[31] Michael A. G. Haykin, *The Chris tian Lover* (Lake Mary, Fla.: Reformation Trust, 2009), 66
[32] Ibid., 80.

Многие пасторы стали наглядным примером веры и отношений с Богом для своих семей благодаря тому, что верно проводили семейные молитвы и наставляли в Боге своих домочадцев. Такую преданность можно увидеть в личности Мартина Ллойд-Джонса, одного из самых авторитетных проповедников XX века, который показал пример постоянной молитвы с женой и детьми. Иан Мюррей, биограф Ллойд-Джонса, писал: «Каждый день завершала семейная молитва, и после его смерти Бетан Ллойд-Джонс отмечала, что именно совместной семейной молитвы ей не хватает больше всего»[33].

Пожалуй, один из самых ярких и впечатляющих для меня примеров семейной заботы можно увидеть в образе Ричарда Бакстера, выдающегося английского пастора-пуританина XVII века. Благодаря своей неустанной заботе о душах каждого из прихожан Бакстер завоевал небывалую славу служителя в Киддерминстере. Многим знакомы пастырские труды Бакстера о душепопечении в церкви (например, классический трактат «Реформированный пастор»), но немногие знают о его необыкновенной любви и преданности своей жене. Они прожили в браке девятнадцать лет, пока миссис Бакстер скоропостижно не скончалась в возрасте сорока пяти лет. Переживая такую тяжелую утрату в своей жизни, Бакстер написал своей любимой жене Маргарет отдельное посвящение. Дж. И. Пакер процитировал одного из биографов Бакстера, который назвал посвящение Маргарет «несомненно, лучшей из биографических работ Бакстера», а затем сделал такой вывод: «...хочется надеяться, что написание [этого труда]

---

[33] Iain Murray, *D. Martyn Lloyd-Jones: The Fight of Faith: 1939–1981* (Edinburgh: Banner of Truth, 1990), 763.

185

принесло ему не меньшую пользу, чем его прочтение может принести нам»[34].

В истории церкви есть примеры немалого количества людей, способных двигать и сотрясать Царство Божье. Они были очень плодотворны в своем служении и при этом оставались тихими верными служителями в своих домах. Баланс между семьей и служением, который они искали по Божьей милости, напоминает каждому из нас, пасторов XXI века, что этот баланс возможен и к нему стоит стремиться любой ценой. Преображающей силы Евангелия и нашего библейского призвания перед Богом вполне достаточно, чтобы помочь всем наименьшими пастырям Господа Иисуса Христа оставаться верными не только в служении за стенами дома, но и внутри него.

Я хотел бы напомнить вам: ваша жена — драгоценный земной дар. Это помощница, дарованная вам Богом, чтобы помогать вам и в служении, и в жизни дома. Она поддержит вас в унынии. Она скажет вам нелицеприятную правду, о которой все остальные промолчат. Она заставит вас продолжить борьбу, когда у вас опустятся руки. Она напомнит детям о том, как важен ваш труд, когда вас подолгу не будет дома. Она будет рядом, когда остальные вас оставят. Ричард Бакстер, овдовевший пастор, в этом высказывании напоминает нам, насколько бесценный дар мы имеем в своей жене:

> *Она так желала, чтобы все мы всегда были преданны и непорочны в святости. И в этой связи я в целом мире не нашел бы себе помощницу лучше нее... О, сколько раз я позволял себе*

---

[34] J. I. Packer, *A Grief Sanctified: Through Sorrow to Eternal Hope* (Wheaton, Ill.: Crossway, 2002), 12.

небрежность в речи и неисполнительность в делах, но она всякий раз старательно пыталась приучить меня к аккуратности и дисциплине и в том и в другом. Она укоряла меня, если я позволял себе разговаривать резко или грубо. Она честно говорила мне, если я пренебрегал традициями и забывал делать скромные комплименты (такой уж у меня характер). Если ей не нравился мой вид, она просила меня привести себя в порядок (и это было нелегко, когда я был в немощи и болезни). А если в течение недели я забывал наставлять своих слуг и обучать их лично (кроме моих обычных семейных обязанностей [т.е. ежедневных молитв дома]), моя забывчивость ее огорчала[35].

Собираясь вершить великие дела для Царства Божьего и оставаться верным своей семье, не забудьте взять с собой в путешествие жену, свою возлюбленную спутницу. Именно через нее самым величественным образом Бог являет Свою благодать в вашей обыденной жизни. Почаще напоминайте ей и себе об этом. И вместе с ней наслаждайтесь своей жизнью, своей семьей и своим совместным служением во славу Божью.

---

[35]   Ibid., 37.

Исповедь жены пастора

[Кара]

Когда мы с Брайаном начали встречаться, я знала, что он хочет нести служение. На самом деле как раз в то время он был стажером в молодежном служении одной церкви. Помню, я тогда спросила его, хочет ли он стать в церкви главным пастором, и он решительно ответил: «Нет!»

А сейчас он — главный пастор, а я — жена пастора.

Я бы никогда не выбрала себе такую жизнь. Я очень боялась и переживала от одной лишь мысли, что возьму на себя эту роль. Мне казалось, что я смогу справиться, если Брайан будет помощником пастора, ведь тогда я могла быть уверена, что ни я, ни моя семья не столкнемся с теми ожиданиями, с которыми мы столкнулись, когда он стал основным пастором церкви.

Можете себе представить мое удивление, когда Брайан рассказал, что какая-то церковь искала пастора и что он хочет предложить свою кандидатуру. Я подумала: «*Ты что, серьезно? Правда? Я не ослышалась? Может, мне снится кошмар?*»

Я согласилась и поддержала его решение подать заявку и отправить резюме, но тут же начала горячо молиться, чтобы Бог закрыл эту дверь. Вместо этого Бог распахнул ее еще шире. Мое волнение нарастало. Все больше и больше казалось, что совет по поиску пастора всерьез рассматривает кандидатуру Брайана. Он прошел собеседование, произнес проповедь, и не успела я оглянуться, как его приняли. В течение нескольких месяцев мы уже вместе прошли собеседование, приняли предложение, продали наш дом (который мы только что построили и в котором прожили всего семь месяцев) и переехали, чтобы участвовать в жизни этой новой церкви.

С тех пор многое изменилось во мне. Чем больше времени я проводила в молитвах, прося Бога не призывать моего мужа на эту должность, тем больше Бог работал в моем сердце. У Брайана был явный дар учить и проповедовать и огромное желание пасти Божье стадо и заботиться о людях. Кроме того, я знала, что он очень хочет заботиться о нашей семье и обо мне.

Больше всего я боялась своего страха. Ведь здесь было множество неизвестных. Как долго церковь сможет платить нам зарплату? Станут ли молодые семьи или молодые пары приходить в нашу церковь, если мы будем там единственной молодой семьей? Кто будет помогать нам в работе, ведь мы явно не справимся со всем ворохом задач? Но самый главный вопрос, который меня занимал, звучал так: *как мне справиться с ролью жены пастора?* Я сомневалась в своих силах и боялась, что у меня ничего не получится.

Я не считала, что готова к выполнению поставленной передо мной задачи. У меня уже было двое маленьких детей, и я ждала третьего ребенка. Я боялась, что наши дети вырастут с неприязнью к пасторской жизни, и мне не хотелось, чтобы они несли по жизни обиду на церковь. Я не знала, смогу ли справиться с тем, что люди критикуют моего мужа. Не знала, смогу ли держать рот на замке. Я думала, что мне придется стать другим человеком, чтобы соответствовать этой новой роли.

Примерно за месяц до того, как Брайана пригласили в нашу нынешнюю церковь, я посетила одну конференцию. В те выходные я много молилась. Бог явил Свою милость и дал мне покой. Он с нежностью напомнил мне, что в Его руке сила не только послать нас в какое-то место для служения, но и подготовить меня к той роли, которую Он для меня уготовил. И хотя мне так не казалось, Бог уже совершал во мне работу, чтобы подготовить меня к роли такой жены, которая была нужна моему мужу.

Тогда я не понимала, что думаю только о сложных и неприятных моментах жизни в служении. Нам уже пришлось пережить несколько болезненных ситуаций в церкви, и я с ужасом думала о будущем, задаваясь вопросом, не повторится ли это вновь. Я не верила, что смогу справиться с этими вызовами. Я была настолько погружена в свои мысли, что забыла обо всех благословениях, которые дарит роль жены пастора.

Теперь, побывав в этой роли уже несколько лет, я замечаю, как изменилось мое восприятие. На самом деле я вижу, насколько Бог благословил меня, совершая работу как во мне, так и через меня. И мне приятно осознавать, что Господь использовал меня для того, чтобы послужить людям. Я рада, что моя записка кого-то ободрила. Для меня благословение видеть, что члены церкви заботятся не только друг о друге, но и обо мне, моем муже и наших детях. Ведь действительно, наблюдать, как Тело Христово работает в соответствии с замыслом Божьим, — это большая радость.

Нести служение нелегко. Все это время Бог преображал меня и воспитывал, и иногда это было больно. Иногда я даже сомневалась, не придется ли закрыть двери церкви на большой замок, так было тяжело в первые несколько лет. Временами мне казалось, что мы с Брайаном остались одни. Однако Бог явил Свою благодать и заботливо дал мир и единство в нашей церкви после того, как она подверглась болезненному очищению.

Я очень благодарна Богу за эту роль, потому что я видела, как удивительным образом проявляется Бог. Иначе я бы не заметила Его работу. И хотя мы не знаем будущего, мы всегда можем доверять Божьему мудрому и благому плану относительно нас, наших мужей, наших семей и церквей. Вся слава Богу!

ПРИЛОЖЕНИЕ 1
Моя борьба с депрессией

[Кара]

«А как давно с вами случилась депрессия?»
Как бы я сама хотела узнать ответ на этот вопрос! Но я его не знаю. Во всяком случае, не могу точно сказать. Временами мне кажется, что депрессия у меня длится всю жизнь. В детстве мне всегда говорили, что я меланхолична, и это правда. Я всегда была довольно молчаливым ребенком. Мне нравилось сидеть, слушать и наблюдать за другими; впрочем, и сейчас это так. Но иногда меня накрывает совсем другая тьма.

Мой первый тяжелый приступ депрессии случился на первом курсе колледжа. Мои родители развелись, когда мне было три года. В отношениях с папой я чувствовала определенное напряжение и даже не знала, как с этим напряжением справиться. Я впала в отчаяние от осознания, что, какое бы решение ни приняла, я не смогу сделать счастливыми ни маму, ни папу. Поэтому я обратилась за помощью к душепопечителю. Я не помню подробностей наших с ним бесед, но помню точно, что благодаря этому курсу душепопечения Бог позволил мне ощутить полную сокрушенность и дал понять, насколько я завишу от Него. Оглядываясь назад, на годы учебы в колледже, я отчетливо вижу случаи, когда Бог действительно открывался мне.

Потом я вышла замуж. Мой дорогой муж знал, что у меня депрессия, что иногда я чувствую себя подавленной, но обычно быстро восстанавливаюсь. К тому времени мы уже три года служили в нашей церкви, и тогда у меня случился следующий серьезный приступ. Наш младший ребенок родился на месяц раньше срока, и целый год мы решали проблемы со здоровьем детей. Нам пришлось пережить несколько операций и госпитализаций. Вымотанная до предела, я пыталась заботиться о четырех детях, муже и церкви, заниматься домашним обучением детей и ходить по врачам. Жизнь меня полностью измотала, и мне казалось, что я ни с чем не справляюсь.

Что бы я ни делала, как бы ни перестраивала свое расписание, я все равно ничего не успевала. После года тщетных попыток (столько времени мне понадобилось, чтобы наконец признать, что мне нужна помощь) я поняла, что должна поговорить со своим мужем о том, что происходит. Я была подавлена. Но это было не просто уныние, это была депрессия. Я находилась во тьме, где, казалось, не было ни надежды, ни счастья, ни радости.

Я снова пошла к душепопечителю, но на этот раз со мной пришел и мой муж. Он видел, как мне было плохо, но не знал, как помочь мне с этим справиться. Сеанс душепопечения мне помог. Я поняла, как сильно пытаюсь заслужить Божью милость. Я борюсь с перфекционизмом и злюсь на себя, когда у меня что-то не получается. Чаще всего я отнекиваюсь от слов похвалы мужа и других членов церкви и вместо этого начинаю критиковать себя: *«Они просто не знают, какие мысли посещают меня, или если бы они только знали, какая я на самом деле, то не говорили бы такого»*. Я предпочитала верить лжи, вместо того чтобы верить Божьей истине о том, кто я для Него, о том, что Он видит во мне Свое любимое дитя.

Через несколько месяцев консультаций тьма рассеялась. Ко мне вернулась радость, которой мне так не хватало долгие месяцы. Я почувствовала мир и обновленную любовь к Богу и Его Слову. Я обрела долгожданную радость в служении нашей семье и церкви. Я обрела свободу, ведь мне больше было необязательно угождать самой себе. Но борьба на этом не закончилась.

В моей голове по-прежнему крутились мысли о том, что я несовершенна, что у меня опять ничего не получается. Но у меня уже было Слово Божье, напоминающее мне истину о том, что я свободна во Христе.

Борьба с депрессией бесконечна. Избавиться от нее нелегко, и этот процесс занимает много времени. Депрессия может исчезнуть так же внезапно, как и началась, а может вновь появиться так же быстро, как и исчезла. И вот я опять оказываюсь в объятиях депрессии, в яме тьмы и отчаяния.

Почему я снова оказалась здесь? Точно не знаю. Я веду эту борьбу уже больше года, и она кажется еще более ожесточенной, чем раньше, а тьма полностью так и не рассеялась.

За время этой борьбы я извлекла много уроков. Во-первых, депрессии случаются, то приходя, то исчезая, даже у христиан. Бог допускает, чтобы какое-то время мы находились во тьме, но Он всегда верен и всегда выводит нас оттуда. Когда я во тьме, Он рядом со мной, и неважно, чувствую я Его присутствие или нет. Он не оставит меня там.

Во-вторых, чтобы справиться с этой проблемой, мне нужна помощь людей. Несколько особо близких подруг знают о моей болезни. Когда я впадаю в депрессию, эти дорогие христианки понимают, что им нужно меня навестить и напомнить о Божьей истине. Они часто приходят и рассказывают о том, как действует в моей жизни Слово Божье, и напоминают, как Бог заботится обо мне. Они молятся вместе со мной и за меня. Они незаменимые помощницы в моей битве с депрессией.

В-третьих, несмотря на мою депрессию, мой муж любит меня. Я часто поддаюсь искушению и тревоге, что муж расстроится, видя мою борьбу с депрессией. Но до сих пор поражаюсь, что он радуется, заботясь обо мне. Я понимаю, что моя борьба дается нелегко и ему. Оказываемая им поддержка требует от него идти ради меня на немалые жертвы. Он сам активно ищет нужную мне помощь и душепопечителя. Он искренне заботится обо мне и поддерживает меня, даже когда я не чувствую этого. Он не оставил меня.

В-четвертых, неоценимую помощь в моей ситуации оказал мне наш семейный врач. Часто она одной из первых распознает признаки моей депрессии. Она меня обследовала, чтобы исключить другие внутренние заболевания, которые могли бы послужить причиной моей депрессии. Например, результаты анализа крови показали, что у меня очень низкий уровень витамина В-12, а побочным следствием такого состояния является депрессия. Восстановление уровня витамина В-12 не избавило меня от депрессии окончательно, но благодаря курсу витаминов моя борьба с ней проходит легче. А еще доктор всегда учит меня не сдаваться. Она говорит, что подобные проблемы у пасторов и их жен не редкость, у нее много таких пациентов. Как хорошо, когда ваш доктор — одновременно и ваш единомышленник, готовый помочь справиться с болезнями.

Пятое, и самое главное: я постоянно слышу напоминание о том, что я полностью и всецело нахожусь под Божьей защитой. Он единственный, Кто может поддержать меня в эти времена. Только Он может вытащить меня из этой ямы. Жить христианской жизнью самостоятельно, без Бога, я не могу. Как-то один мой знакомый отметил, что депрессия на самом деле — Божий дар, потому что благодаря депрессии мы можем пребывать в смирении и сокрушении, которого иначе бы не достигли. Именно в таких условиях Бог начинает глубинное исцеление старых ран. Без депрессии я бы никогда не нашла времени впустить Бога в эти уязвимые места. Я знаю, что Бог не оставит меня здесь навсегда, но, если Он решит так сделать, я уверена, что Он будет каждый день поддерживать меня. Бог благ и верен, даже в такие трудные времена.

Моя борьба с депрессией никак не связана с тем, что я жена пастора. Если бы у моего мужа была другая профессия, уверена, я все равно была бы подвержена депрессии. Однако у жены пастора (или у пастора) эта проблема лишь усугубляется. Изнурительная нагрузка в церкви, стремление нести бремя страдающих, требования по отношению к нашему времени и нашей семье, а также духовная битва, с которой мы сталкиваемся ежедневно, — все это приводит к усталости и слабости. А если мы при этом пытаемся все делать в одиночку, без Бога, то усталость лишь усиливается. По этой причине пасторы и их жены, страдающие от депрессии, — не редкость.

Поэтому я хочу подбодрить вас, если вы оказались в такой ситуации. Прежде всего, вы не одиноки. На самом деле многие христиане сталкиваются с депрессией, и так было на протяжении всей истории человечества. Можно быть христианином — даже сильным, зрелым христианином — и при этом страдать депрессией.

Еще я хочу посоветовать вам обратиться за помощью, потому что самостоятельно победить в этой борьбе невозможно. Вам нужна будет поддержка, совет душепопечителя, молитва, а иногда и медицинское лечение. Наберитесь мужества и признайтесь в своей борьбе. Невозможно получить помощь, если вы о ней не попросите. Но парадокс депрессии в том, что иногда мы не в состоянии попросить о помощи. Поэтому, если вы знаете кого-то, кто находится в депрессии, проявите инициативу и протяните руку помощи. Не забывайте о тех, кто страдает от депрессии. Даже если они молчат, они все равно страдают — и часто это происходит в одиночестве. Если вам тяжело, найдите друга, которому вы могли бы довериться. Поговорите об этом со своим супругом. Не молчите, расскажите ему о своих проблемах. Мы сами должны открыто говорить о своей борьбе, но так же важно, чтобы об этом у нас спрашивали и другие.

Наконец, хочу вас успокоить: Бог знает, что вам нужно. Он знает, в каком положении вы находитесь, и никогда не оставит вас. Подвиг Иисуса Христа на кресте прощает нам грехи и ошибки и дарит свободу жить с Богом в уверенности, что мы не лишимся Его благодати. Жертва Христа действительно дала исцеление душам нашим. Мы не одиноки в борьбе. Мы не одиноки во тьме. Мы не одиноки в боли. Бог жив, а Его народ готов заботиться о страждущих. И чем больше в вас будет любви к Нему и зависимости от Него, тем быстрее Он проведет вас через эти скитания.

Прежде, чем стать пастором

[Брайан]

Обычно будущие пасторы с нетерпением ждут, когда же настанет тот день и кандидат станет настоящим пастором. В этом рвении нет ничего удивительного и предосудительного. Но это рвение и мечты о том, как будет проходить служение, иногда смещают фокус и не позволяют братьям послужить своим женам сейчас, до начала пасторского служения — особенно сделать для них то, что не получится делать потом, когда они станут пасторами и еженедельно будут проповедовать в церкви.

Предлагаю несколько советов, которыми вы можете воспользоваться уже сейчас:

1. При любом удобном случае садитесь в церкви рядом со своей женой. Если вы спросите у жены пастора, какое у нее самое заветное желание во время отпуска, наверняка она скажет: «Хочу на служении сидеть рядом с мужем». По этой самой причине *пастору лучше не проповедовать во время отпуска в качестве гостя*. Если вы проповедуете не каждое воскресенье, сделайте все возможное, чтобы сидеть рядом со своей женой. Однажды наступит день, когда вы не сможете сидеть рядом с ней. И вы, и ваша жена будете радоваться этому периоду в вашей жизни, когда это станет для вас приоритетом.

2. По воскресеньям оставайтесь дома с больными детьми. Это служение жене и детям имеет непревзойденную важность. Это прекрасная возможность для любого мужчины помочь своей жене, пока дети еще маленькие. Такой пример подавал один из наших старейшин на протяжении всего своего служения в нашей церкви. Он отправлял свою жену в церковь, а сам оставался дома с больными детьми, чтобы она могла послушать проповедь Евангелия. Когда болеют наши дети, моя жена всегда остается дома по воскресеньям. Сам я не могу пропустить собрание: я же проповедую. Пока еще у вас нет такой еженедельной обязанности, в случае болезни детей послужите своей жене. Она будет вам безмерно благодарна.

3. Во время богослужения останьтесь с детьми в детской комнате. Одна из самых недооцениваемых ролей моей жены в церкви — самостоятельно присматривать за малыми детьми во время службы. Большинство мужей и жен во время служения по очереди следят за малыми детьми в детской комнате. У моей жены нет такой привилегии. Ей приходится делать это в одиночку, ведь мне нужно стоять за кафедрой. Сидя вместе с женой на богослужении, проявите инициативу, понаблюдайте за поведением детей и ответьте на их вопросы, которые дети, как правило, задают, слыша проповедуемое слово. Выведите их из церковного здания, если на то будет нужда. Настанет день, когда в подобных ситуациях вашей жене придется выполнять эту работу в одиночку.

Будущие пасторы, я рад, что вам не терпится погрузиться в пасторское служение. И это правильно. Служение Божьему народу через еженедельное служение Слова — большая радость. Но будьте осторожны, чтобы ваше рвение к работе не помешало вам упустить несколько простых, но эффективных способов любить свою жену и заботиться о ней уже сейчас.

БЛАГОДАРНОСТИ

Брайан и Кара хотели бы поблагодарить:

- Всех, кто оказал нам неоценимую помощь, прочитав эту рукопись, — особая благодарность Джейсону Адкинсу, который посмотрел эту рукопись на начальном этапе, взяв на себя львиную долю редактуры при первом прочтении.
- Семье Анабуйлей, а также тем, кто внес свой вклад при подготовке раздела книги «Размышления». Спасибо за вашу дружбу, участие и ценный вклад в создание этой книги.
- Издательство Zondrevan за желание сотрудничать с нами в создании этой книги. Мы очень благодарны вам за эту возможность.
- Многих пасторов и их жен, которые терпеливо уделили нам время, поделились советами и мудростью. Большая часть этой книги — ваш вклад. Мы благодарны вам за дружбу и веру в нас.
- Прихожан нашей Баптистской церкви в Оберндейле, которым мы служим последние десять лет. Для нас большая радость знать вас и разделять нашу жизнь с вами. Спасибо за ваше доброе отношение к нам, когда мы не без труда учились любить и заботиться

о вас. Спасибо за помощь и поддержку не только по отношению к нам, но и к нашим детям.

- Наши семьи. Вы всегда поддерживали нас и то служение, к которому призвал нас Бог. Мы благодарим вас за то, что вы поддерживали нас во времена испытаний и слез и радовались вместе с нами, когда наши молитвы были услышаны. Спасибо, что молились за нас и вместе с нами. Особую благодарность хотим выразить нашим детям, которые с радостью и самоотверженностью отпускали маму и папу поработать над этой книгой. Спасибо за ваше терпение, которое вы проявили, когда мы учились лучше исполнять свои родительские обязанности, и за то, что вы прощаете нас, когда у нас это плохо получается. Мы благодарны Богу за работу, которую Он совершает в каждом из вас. Вы — наши самые драгоценные благословения от Бога.

- Единого истинного живого Бога, нашего Спасителя и Искупителя Иисуса Христа. Пусть эта книга поможет укрепить браки и семьи Твоих пасторов, доколе Ты, Великий Пастырь, не придешь, чтобы забрать с Собой Свою Невесту.

Служение пастора

Брайан Крофт

В книге «Служение пастора» Брайан Крофт исследует Писание, чтобы определить десять самых важных приоритетов для пастырского служения: хранить истину, проповедовать Слово, молиться о пастве и быть для нее образцом, посещать больных и утешать скорбящих, заботиться о вдовах и обличать грехи, ободрять слабых и воспитывать лидеров.

Душа пастора

Брайан Крофт,
Джим Севастио

Душа пастора — это душа служения. В эпоху сверхзагруженности авторы книги напоминают, что забота о собственной душе — это не эгоизм, а незаменимое условие для заботы о других.

Издательство «Благая весть»

Любовь к чтению Слова Божьего и полезной духовной литературы — добрая традиция нашего братства с первого дня его основания. Мы молимся и трудимся для того, чтобы верующие церквей бывшего Советского Союза имели желание и возможность регулярно читать полезные христианские книги наряду с изучением Библии, чтобы они имели доступ как к богатому духовному наследию мужей веры минувших веков, так и к трудам современных христианских авторов.

 Канал
издательства

Чтобы вы через чтение книг больше познавали Бога, мы:

- подбираем лучшие книги, доступные на русском языке;
- переводим новые книги по еще мало освещенным вопросам;
- помогаем издавать книги местных авторов со здравым богословием.

Отпечатано по заказу:
«Местная религиозная организация
Евангельских христиан-баптистов
«Преображение»

Printed in Russia
Религиозное издание
ISBN 978-5-7454-1848-8
Формат 60х84 1/16, объём 13 п.л.,
тираж 2000 экз, заказ 4201,
подписано в печать 30.01.2024,

Издание местной религиозной организации
евангельских христиан-баптистов
(195009, С.-Петербург, ул. Лебедева, 31 пом. 9Н).
Санкт-Петербургский филиал ФГБУ «Издательство «Наука»
199034, Санкт-Петербург, 9-я линия, д. 12/28

The Master's Academy International
www.tmai.org
publishing@tmai.org

www.ingramcontent.com/pod-product-compliance
Lightning Source LLC
Chambersburg PA
CBHW061742120626
46550CB00005B/1861